Konzepte. Ansätze der Medien- und
Kommunikationswissenschaft

herausgegeben von
Prof. Dr. Patrick Rössler und
Prof. Dr. Hans-Bernd Brosius

Band 1

Marcus Maurer

Agenda-Setting

2., aktualisierte Auflage

Die Deutsche Nationalbibliothek verzeichnet diese Publikation in
der Deutschen Nationalbibliografie; detaillierte bibliografische
Daten sind im Internet über http://www.d-nb.de abrufbar.

ISBN 978-3-8329-4022-2 (Print)
ISBN 978-3-8452-8304-3 (ePDF)

2. Auflage 2017
© Nomos Verlagsgesellschaft, Baden-Baden 2017. Gedruckt in Deutschland. Alle
Rechte, auch die des Nachdrucks von Auszügen, der fotomechanischen Wiedergabe und der Übersetzung, vorbehalten. Gedruckt auf alterungsbeständigem Papier.

Vorwort der Reihenherausgeber

Etliche Jahre schien das Fehlen von Lehrbüchern auch die akademische Emanzipation der Kommunikationswissenschaft zu behindern. Doch in jüngerer Zeit hat der fachkundige Leser die Auswahl aus einer Fülle von Angeboten, die nur noch schwierig zu überblicken sind. Wie lässt es sich dann rechtfertigen, nicht nur noch ein weiteres Lehrbuch, sondern gleich eine ganze Lehrbuchreihe zu konzipieren?

Wir sehen immer noch eine Lücke zwischen den großen Überblickswerken auf der einen Seite, die eine Einführung in das Fach in seiner ganzen Breite versprechen oder eine ganze Subdisziplin wie etwa die Medienwirkungsforschung abhandeln – und andererseits den Einträgen in Handbüchern und Lexika, die oft sehr spezifische Stichworte beschreiben, ohne Raum für die erforderliche Kontextualisierung zu besitzen. Dazwischen fehlen allerdings (und zwar vor allem im Bereich der Medienutzungs- und Medienwirkungsforschung) monographische Abhandlungen über zentrale KONZEPTE, die häufig mit dem Begriff der „Theorien mittlerer Reichweite" umschrieben werden.

Diese KONZEPTE gehören zum theoretischen Kerninventar unseres Fachs, sie bilden die Grundlage für empirische Forschung und akademisches Interesse gleichermaßen. Unsere Lehrbuchreihe will also nicht nur Wissenschaftlern einen soliden und gleichzeitig weiterführenden Überblick zu einem Forschungsfeld bieten, der deutlich über einen zusammenfassenden Aufsatz hinausgeht: Die Bände sollen genauso Studierenden einen fundierten Einstieg liefern, die sich für Referate, Hausarbeiten oder Abschlussarbeiten mit einem dieser KONZEPTE befassen. Wir betrachten unsere Lehrbuchreihe deswegen auch als eine Reaktion auf die Vorwürfe, mit der Umstellung auf die Bachelor- und Masterstudiengänge würde Ausbildung nur noch auf Schmalspurniveau betrieben.

Die Bände der Reihe KONZEPTE widmen sich deswegen intensiv jeweils einem einzelnen Ansatz der Medienutzungs- und Wirkungsforschung. Einem einheitlichen Aufbau folgend sollen sie die historische Entwicklung skizzieren, grundlegende Definitionen liefern, theoretische Differenzierungen vornehmen, die Logik einschlägiger Forschungsmethoden erläutern und empirische Befunde zusammenstellen. Darüber hinaus greifen sie aber auch Kontroversen und Weiterentwicklungen auf, und sie stellen die Beziehungen zu theoretisch verwandten KONZEPTEN her. Ihre Gestaltung und ihr Aufbau enthält didaktische Elemente in Form von Kernsätzen, Anekdoten oder Definitionen – ebenso wie Kurzbiografien der Schlüsselautoren und kommentierte Literaturempfehlungen. Sie haben ein Format, das es in der

Publikationslandschaft leider viel zu selten gibt: ausführlicher als ein Zeitschriften- oder Buchbeitrag, kompakter als dickleibige Forschungsberichte und konziser als thematische Sammelbände.

Die Reihe KONZEPTE folgt einem Editionsplan, der gegenwärtig 25 Bände vorsieht, die in den nächsten Jahren sukzessive erscheinen werden. Als Autoren zeichnen fachlich bereits ausgewiesene, aber noch jüngere Kolleginnen und Kollegen, die einen frischen Blick auf die einzelnen KONZEPTE versprechen und sich durch ein solches Kompendium auch als akademisch Lehrende qualifizieren. Für Anregungen und Kritik wenden Sie sich gerne an die Herausgeber unter

patrick.roessler@uni-erfurt.de

brosius@ifkw.lmu.de

Inhaltsverzeichnis

Vorwort der Reihenherausgeber	5
1. Grundzüge der Theorie	9
Ausgangsüberlegungen und Kernbegriffe	10
Explizite und implizite Grundannahmen	12
Theoretische Modelle	15
Agenda-Setting: Theorie, Metapher oder Modell?	17
2. Entwicklungsgeschichte des Ansatzes	18
Die Vorgeschichte	18
Einordnung des Ansatzes in die Geschichte der Medienwirkungsforschung	19
Die Pionierstudien	20
Die sechs Phasen der Agenda-Setting-Forschung	23
3. Forschungslogik der Methode	27
Die Abgrenzung von Themen	27
Die Erhebung von Medien- und Publikumsagenda	29
Untersuchungsdesigns: Die Verknüpfung von Medien- und Publikumsagenda	35
Eine Abschlussbemerkung zur Forschungslogik	41
4. Empirische Befunde	43
Auftreten und Stärke des Effekts	43
Randbedingungen des Effekts	53
5. Kritik/Weiterentwicklungen	61
Individuelle Agenda-Setting-Effekte	61
Die Rolle interpersonaler Kommunikation	64
Nonlineare Wirkungsannahmen	66
Agenda-Building: Einflüsse auf die Medienagenda	69
Second-Level Agenda-Setting	73
Third-Level Agenda-Setting	75
6. Verwandte/konkurrierende Ansätze	78
Priming	78
Framing	83
7. Fazit: Die gesellschaftliche Relevanz des Agenda-Setting-Effekts	90
8. „Top Ten" der Forschungsliteratur	94
Literatur	97
Bisher in der Reihe erschienene Bände	109

1. Grundzüge der Theorie

Als im Winter 2000/2001 erste Fälle der Rinderkrankheit BSE in Deutschland bekannt wurden, kannten die Deutschen nur noch eine Sorge: die Angst, sich durch verseuchtes Rindfleisch selbst zu infizieren. Obwohl sich die Zahl erkrankter Rinder seitdem deutlich vergrößert hat, ist das Problem heute längst vergessen.

Als im März 2011 im fernen Japan ein Tsunami mehrere schwere Störfälle im Atomkraftwerk Fukushima Daiichi auslöste, die letztlich zu einer Kernschmelze in drei Kraftwerksblöcken führten, wuchs auch in Deutschland die Furcht vor den Folgen der Atomkraft dramatisch. Nur wenig später beschloss die Bundesregierung den Ausstieg aus der Atomkraft.

Als im Sommer 2015 erkennbar wurde, dass immer mehr Einwanderer aus Syrien und benachbarten Ländern den Weg nach Deutschland suchten, verdrängte das Thema Flüchtlingspolitik schlagartig alle anderen Themen aus den Köpfen der Menschen. Zugleich sank die Popularität von Bundeskanzlerin Merkel, die sich für eine Aufnahme der Migranten eingesetzt hatte, erheblich.

Menschen machen sich im Alltag über alles Mögliche Gedanken: ob ihr Arbeitsplatz sicher ist, ob sie im Alter eine akzeptable Rente erhalten, ob ihre Lebensqualität durch Umweltverschmutzung beeinträchtigt ist, ob die Gefahr besteht, Opfer eines terroristischen Anschlags zu werden, usw. Allerdings können sie sich kaum über alles gleichzeitig Gedanken machen, und nicht alles kann ihnen gleich wichtig sein. Es stellt sich folglich die Frage, warum Menschen bestimmte Themen oder Probleme für wichtiger halten als andere und warum sich dies im Zeitverlauf bisweilen sehr rasch verändert. Eine Antwort auf diese Frage ist der Agenda-Setting-Ansatz. Er postuliert, dass Menschen die Themen für wichtig halten, über die die Massenmedien besonders häufig berichten.

Ziel des vorliegenden Lehrbuchs ist es, die Ursachen, Randbedingungen und Folgen des Agenda-Setting-Effekts kompakt und übersichtlich zu beschreiben. In diesem ersten Kapitel werden die Grundzüge des Ansatzes erläutert. Dabei geht es z.B. um die Definition der zentralen Begriffe und die grundsätzlichen Annahmen. In den folgenden Kapiteln geht es darum, wie der Ansatz entstanden ist (Kapitel 2), mit welchen Methoden empirische Agenda-Setting-Studien durchgeführt werden können (Kapitel 3), um die wichtigsten Ergebnisse dieser Studien (Kapitel 4) sowie die Kritik am Ansatz und die damit verbundenen Weiterentwicklungen (Kapitel 5). Diskutiert werden auch verwandte Ansätze wie Priming und Framing (Kapitel 6). Schließlich widmet sich der

Ziele des Lehrbuchs

Band der Frage nach der gesellschaftlichen Relevanz des Agenda-Setting-Effekts (Kapitel 7). Um den Textfluss nicht zu oft zu unterbrechen und das Textverständnis zu fördern, werden Literaturangaben so sparsam eingesetzt wie möglich. Für eine detaillierte Diskussion der theoretischen Grundlagen und des Forschungsstandes sei bereits hier auch auf einschlägige Überblickswerke verwiesen (Eichhorn 1996; Dearing/Rogers 1996; Rössler 1997; McCombs 2014).

Ausgangsüberlegungen und Kernbegriffe

Der Agenda-Setting-Effekt

Der Agenda-Setting-Effekt wurde in einer Zeit erstmals beschrieben, als sich die Medienwirkungsforschung in einer Sackgasse zu befinden schien. Bis Ende der 1960er-Jahre beschäftigte sie sich nahezu ausschließlich mit der Frage, ob und wie Massenmedien die Einstellungen und Verhaltensweisen der Rezipienten verändern. In vielen empirischen Studien waren solche Effekte aber nicht oder nur schwach zu finden. Deshalb suchten die Forscher nach neuen Theorien. Eine davon war der von Maxwell McCombs und Donald Shaw entwickelte Agenda-Setting-Ansatz. Die beiden glauben nicht, dass Massenmedien beeinflussen können, welchen Eindruck die Wähler von den Kandidaten haben oder welche Partei eine Wahl gewinnt. Sie glaubten aber, dass sie in Wahlkämpfen darüber entscheiden, welche Themen den Wählern besonders wichtig sind. Sie knüpften damit an Überlegungen an, die u.a. der Journalist Bernhard Cohen bereits einige Jahre zuvor angestellt hatte, ohne dass dies große Beachtung gefunden hätte (siehe ausführlich Kapitel 2).

> **Kernsätze**
>
> "The press [...] may not be successful much of the time in telling people what to think, but it is stunningly successful in telling its readers what to think about" (Cohen 1963: 13)
>
> „While the mass media may have little influence on the direction or intensity of attitudes, it is hypothesized that the mass media set the agenda for each political campaign, influencing the salience of attitudes towards the political issues" (McCombs/Shaw 1972: 177)

Publikums-, Medien- und Policy-Agenda

Folgt man dem Agenda-Setting-Ansatz, sortieren Menschen politische Themen (issues) auf einer Art internen Prioritätenliste nach ihrer Relevanz. Diese Prioritätenliste bezeichnet man als *Publikums- oder Bevölkerungsagenda*. Dabei ist der englische Begriff „issue" mit dem deutschen Wort Thema eigentlich nur unzureichend übersetzt. Vielmehr geht es um politische Streitfragen oder Probleme, die gelöst werden müssen. Im Sinne der Agenda-Setting-Forschung sind Themen bzw. Probleme einerseits relativ abstrakte Politikfelder wie Umweltpolitik, Innere Sicherheit, Wirtschaftspolitik usw. Auf einer konkreteren Ebene können aber auch Einzelereignisse gemeint sein, die die Menschen beschäftigen – beispielsweise der Reaktorunfall in Fukushima 2011, die Terroranschläge vom 11. September 2001 oder die weltweite Finanzkrise seit Ende 2008 (siehe ausführlich Kapitel 3).

Da sich zudem ermitteln lässt, wie häufig die Massenmedien über die jeweiligen Themen berichten, kann man auf dieselbe Weise auch eine Rangfolge der Themenverteilung in den Medien bilden. Diese Rangfolge bezeichnet man als *Medienagenda*.

Der Agenda-Setting-Ansatz unterstellt in seiner einfachsten Variante einen Einfluss der Medien- auf die Publikumsagenda: Wenn die Massenmedien vor allem über Arbeitslosigkeit berichten, halten die Rezipienten Arbeitslosigkeit für das größte Problem. Wenn sich die Medien verstärkt der Außenpolitik zuwenden, wird diese auch für die Bevölkerung relevanter usw.

Begriffe

Issue (Thema): Politische Streitfrage oder politisches Problem auf der Ebene von abstrakten Politikfeldern (Umweltpolitik, Innere Sicherheit, Wirtschaftspolitik usw.) oder auf der Ebene konkreter politischer Probleme und Einzelereignisse (Reaktorunfall in Fukushima, Terroranschläge vom 11. September 2001, Finanzkrise seit Ende 2008)

Agenda (Tagesordnung): Rangfolge der Themenprioritäten in den Medien (Medienagenda), bei den Rezipienten (Publikumsagenda) und bei politischen Akteuren (Policy-Agenda)

Agenda-Setting (Themensetzung): ursprünglich Einfluss der Medienagenda auf die Publikumsagenda, später auch wechselseitige Beeinflussung von Medien-, Publikums- und Policy-Agenda

In späteren Untersuchungen wurde zusätzlich eine dritte Agenda einbezogen, die Agenda der politischen Akteure (Policy-Agenda). Hier geht es vor allem um die Frage, welchen Einfluss politische Akteure auf die Medienagenda und die Publikumsagenda haben und ob dieser Einfluss größer ist als die theoretisch ebenfalls denkbaren umgekehrten Einflüsse. Diese Weiterentwicklung soll hier aber zunächst außen vor gelassen und ausschließlich der ursprüngliche Agenda-Setting-Prozess thematisiert werden, wie ihn McCombs und Shaw in ihrer Pionierstudie beschrieben haben (zu den Weiterentwicklungen des Ansatzes siehe Kapitel 2 und 5).

1. Grundzüge der Theorie

Explizite und implizite Grundannahmen

Die Annahme eines Einflusses der Medien- auf die Publikumsagenda ist auf den ersten Blick sehr plausibel. Im Detail verbergen sich dahinter jedoch zumindest implizit drei durchaus strittige Grundannahmen, die im Folgenden diskutiert werden sollen:

1) Politische Informationen werden überwiegend über Massenmedien vermittelt

Quellen politischer Informationen

Theoretisch sind die Massenmedien nur eine von vielen Informationsquellen über Politik. Menschen können von politischen Ereignissen auch durch direkte Umweltbeobachtung erfahren. Das ist beispielsweise der Fall, wenn sie von politischen Entscheidungen direkt betroffen sind oder Naturkatastrophen am eigenen Leib erleben. Sie können politische Ereignisse zudem aus politikeigenen Informationskanälen erfahren, zum Beispiel wenn sie persönlichen Kontakt zu Politikern haben oder an Parteiveranstaltungen teilnehmen. Schließlich können sie sich auch durch Gespräche mit Bekannten oder Verwandten informieren. Die Annahme eines starken Medieneinflusses auf die Publikumsagenda lässt sich folglich nur aufrechterhalten, wenn man davon ausgeht, dass Politik bei Weitem überwiegend medienvermittelt ist.

Diese Annahme ist allerdings aus mehreren Gründen hochplausibel: Die direkte Beobachtung politischer Probleme scheitert meist daran, dass viele Themen vom persönlichen Erfahrungshorizont der Rezipienten weit entfernt sind. Dies gilt beispielsweise für alle außenpolitischen Themen, die meisten Unfälle und Katastrophen, sowie für abstrakte Themen wie die allgemeine Wirtschaftslage oder den Zustand der Umwelt. Zudem zeigen empirische Studien, dass auch Menschen, die Probleme in ihrem Umfeld direkt beobachten können, diese vor allem dann als gesellschaftliche Probleme wahrnehmen, wenn ihnen die Massenmedien dies nahelegen (Mutz 1994). Zugleich zeigen andere Studien, dass sich die meisten Menschen über Politik weder aus politischen Informationsquellen, noch durch Gespräche mit anderen Menschen informieren. Ihre bei Weitem wichtigste Informationsquelle sind vielmehr die Massenmedien – vor allem die Fernsehnachrichten, die von drei Vierteln der Befragten als Informationsquelle genannt werden (Schaubild 1).

Schaubild 1: Die wichtigsten politischen Informationsquellen

Frage: „Es gibt ja verschiedene Quellen, aus denen man sich über das aktuelle politische Geschehen informieren kann. Bitte sagen Sie mir jeweils, ob Sie aus dieser Quelle während des Bundestagswahlkampfs sehr viel, viel, nicht so viel oder gar nichts erfahren haben." (in Prozent; Mehrfachantworten möglich; n = 564 Wahlberechtigte)

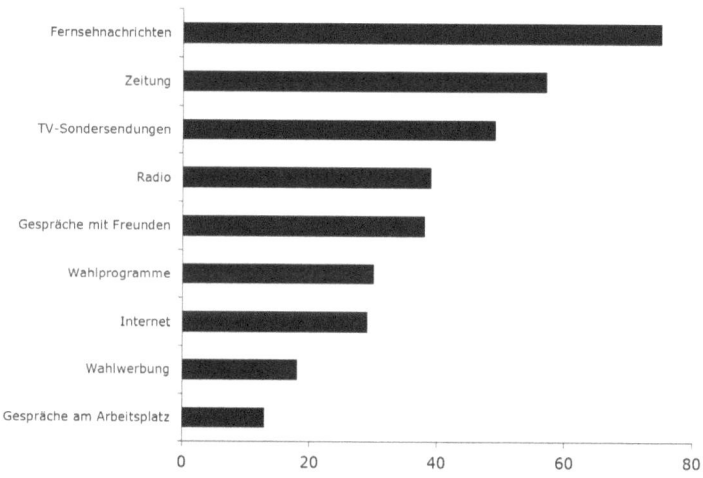

Quelle: eigene Darstellung nach Reinemann u.a. (2013: 142)

2) Die Rezipienten lernen die politischen Informationen aus den Massenmedien

Die Tatsache, dass die meisten Menschen politische Informationen aus den Massenmedien erhalten, bedeutet noch nicht, dass sie sich die Medienagenda auch zu Eigen machen. Hierfür ist eine zweite Annahme erforderlich, nämlich die, dass die Medieninhalte von den Rezipienten relativ unverändert übernommen bzw. gelernt werden. Der Agenda-Setting-Ansatz ist folglich, ähnlich wie die Wissenskluft- oder die Kultivierungs-Hypothese, ein lerntheoretischer Ansatz. Lerntheoretische Ansätze gehen davon aus, dass Lernen auf der Verbindung von Reizen und Reaktionen beruht, und sind in diesem Sinne relativ einfache Stimulus-Response-Modelle. Dabei wird ein bestimmtes Verhalten gelernt, wenn auf das (zufällige) Zusammentreffen eines Reizes und einer Reaktion eine Belohnung der Reaktion erfolgt (operante Konditionierung). Voraussetzung für den Lernerfolg ist die Aufmerksamkeit für die Reize und die Speicherung der relevanten Informationen im Gehirn.

Im Falle des Agenda-Setting-Effekts kann man die Belohnung für eine hohe Aufmerksamkeit gegenüber der politischen Medienberichterstat-

Lerntheoretische und kognitionstheoretische Ansätze

tung zum einen darin sehen, dass die Rezipienten gesellschaftlich relevante Probleme frühzeitig erkennen und in diesem Sinne gewarnt sind. Zum anderen fördert das Lernen gesellschaftlich relevanter Themen auch die soziale Integration: Wer weiß, welche Probleme den gesellschaftlichen Diskurs dominieren, kann in der Öffentlichkeit mitreden. Beides zusammen führt in der Folge zu einer erhöhten Motivation zur Nutzung entsprechender Medieninformationen. Dabei unterstellen neuere Studien sogar einen halbwegs rationalen Prozess: Viele Menschen machen sich demnach keine eigenen Gedanken über die Relevanz von politischen Sachthemen, weil sie darauf vertrauen, dass Journalisten ohnehin die relevantesten Themen für ihre Berichterstattung auswählen (Pingree/Stoycheff 2013).

Obwohl diese Annahmen auf den ersten Blick relativ plausibel sind, werden lerntheoretische Ansätze häufig kritisiert, weil sie die individuellen Informationsverarbeitungsmuster der Rezipienten nicht berücksichtigen. Vielmehr wird eine identische Übernahme der Medienagenda bei allen Rezipienten erwartet. Divergenzen zwischen Medien- und Publikumsagenden werden als Ausbleiben von Medienwirkungen interpretiert.

Das Gegenstück zu lerntheoretischen Ansätzen sind kognitionstheoretische Ansätze. Sie berücksichtigen die individuellen Eigenleistungen der Rezipienten bei der Verarbeitung von Medieninformationen und versuchen, die Muster hinter den individuellen Informationsverarbeitungsstrategien zu erkennen. Die Kritik an den lerntheoretischen Grundannahmen des Agenda-Setting-Ansatzes wird später noch ausführlicher thematisiert (Kapitel 5) und verwandte kognitionstheoretische Ansätze diskutiert (Kapitel 6).

3) Die Rezipienten können ihre Aufmerksamkeit nur einer begrenzten Anzahl an Themen widmen

Der Accessibility-Effekt

Die Wirtschaftlage, die Staatsverschuldung, der Schutz vor Kriminalität, der Zustand der Umwelt, die politische Weltlage – all diese Themen und viele mehr besitzen für die meisten Menschen objektiv betrachtet eine erhebliche Relevanz. Die Wirtschaftslage beeinflusst den eigenen Wohlstand, die Kriminalität die eigene Sicherheit, der Zustand der Umwelt die eigene Gesundheit usw. Im Grunde müssten die Menschen allen Themen gleichermaßen ihre Aufmerksamkeit widmen. Folgt man dem Agenda-Setting-Ansatz, ist dies aber nicht der Fall. Die Ursache hierfür liegt in den begrenzten Fähigkeiten der Rezipienten, Informationen aufzunehmen, zu verarbeiten und zu erinnern.

Menschen machen sich deshalb vor allem über die Themen Gedanken, die ihnen kognitiv relativ leicht zugänglich sind. Dies sind in der Regel die Themen, zu denen sie aktuell Informationen erhalten haben (Accessibility-Effekt; Scheufele 2000). Dies erklärt einerseits noch einmal auf eine etwas andere Art, warum die Rezipienten die Themen für besonders wichtig halten, über die die Massenmedien häufig berichten: Während die Lerntheorie nahelegt, dass die in den Medien berichteten Themen für die Rezipienten tatsächlich eine größere Bedeutung erlangen, legt der Accessibility-Ansatz nahe, dass die Rezipienten die Medienthemen nur deshalb eher als bedeutsam nennen, weil sie ihnen aktuell kognitiv präsent sind. Welcher Erklärungsansatz eher zutrifft, ist unklar und kaum zu ermitteln. Tatsächlich kann man davon ausgehen, dass sich beide Effekte vermischen (dazu auch Eichhorn 1996: 87ff.).

Diese Argumentation macht zugleich aber auch die Kehrseite des Agenda-Setting-Effekts deutlich: Die Themen, über die die Massenmedien nicht berichten, verschwinden aus dem Bewusstsein der Rezipienten. Werden die in der Medienagenda dominierenden Themen von neuen verdrängt, geschieht dies kurze Zeit später auch in der Publikumsagenda. Man kann den Agenda-Setting-Prozess deshalb auch als „Nullsummenspiel" (Zhu 1992; Brosius/Kepplinger 1995) bezeichnen: Ein neues Thema auf der Medienagenda erzielt keine zusätzliche Aufmerksamkeit, die Aufmerksamkeit, die die Rezipienten dem neuen Thema entgegenbringen, reduziert die Aufmerksamkeit für andere Themen – auch wenn sich an der objektiven Relevanz dieser Themen nichts verändert hat.

Agenda-Setting als Nullsummenspiel

Theoretische Modelle

Fasst man diese Überlegungen noch einmal zusammen, kann man festhalten, dass der Agenda-Setting-Ansatz in seiner ursprünglichen Form eine relativ einfache, lineare Ursache-Wirkungs-Annahme darstellt. Brosius verwendet hierfür etwas überspitzt die Metapher des „Zählwerks" (Brosius 1994: 270): Die Rezipienten registrieren die Häufigkeit, mit der die Massenmedien über verschiedene Themen berichten, und setzen sie direkt in ihre eigene Tagesordnung um (Schaubild 2).

> **Modell**
>
> Schaubild 2: Einfaches Agenda-Setting-Modell
>
> **Medienagenda** **Publikumsagenda**
>
> Themen ⟶ Wichtigkeit von Themen

Awareness-, Salience- und Priorities-Modell

Dieser relativ einfache Grundgedanke hat sich nach McCombs und Shaws Pionierstudie in verschiedenen konkreten theoretischen Modellen niedergeschlagen, die im Grad ihrer Präzision variieren. Shaw und McCombs (1977) unterscheiden dabei drei weiterführende Modelle der Agenda-Setting-Forschung, die prinzipiell aufeinander aufbauen: das Awareness-Modell (Aufmerksamkeitsmodell), das Salience-Modell (Thematisierungsmodell) und das Priorities-Modell (Themenstrukturierungsmodell).

> **Modell**
>
> Das Awareness-Modell (Aufmerksamkeitsmodell) ist das einfachste Modell und unterstellt lediglich, dass die Rezipienten durch die Medienberichterstattung auf bestimmte Themen aufmerksam werden.
>
> Das Salience-Modell (Thematisierungsmodell) unterstellt darüber hinaus, dass die Themen, über die in den Medien unterschiedlich häufig berichtet wird, von der Bevölkerung auch als unterschiedlich wichtig empfunden werden.
>
> Das Priorities-Modell (Themenstrukturierungsmodell) unterstellt wiederum darüber hinaus auch, dass sich die Themen-Rangfolge der Medienagenda exakt in der Themenrangfolge der Publikumsagenda widerspiegelt.

Die Annahmen des Aufmerksamkeitsmodells sind vergleichsweise trivial. Hier geht es darum, dass die Rezipienten auf ein Thema, z.B. Umweltschutz, aufmerksam werden, wenn die Medien darüber berichten. Dies ist zwar keineswegs selbstverständlich, ist aber eine notwendige Voraussetzung für die Annahmen der beiden anderen Modelle. Das Aufmerksamkeitsmodell wird deshalb empirisch kaum untersucht. Das Thematisierungsmodell bezieht sich auf die Wichtigkeit *einzelner Themen* in der Medienberichterstattung und in der Bevölkerung. Das Modell besagt, dass ein Thema für die Bevölkerung wichtiger wird, wenn die Medienberichterstattung über dieses Thema zunimmt.

Hier geht es beispielsweise um die Vermutung, dass das Umweltbewusstsein in der Bevölkerung umso größer ist, je häufiger die Medien über Umweltschutz oder Umweltkatastrophen berichten. Die *Themenrelationen* zueinander werden erst im Themenstrukturierungsmodell untersucht. Dieses Modell besagt, dass die Rangfolge der Themen auf der Medienagenda exakt der Rangfolge der Themen auf der Publikumsagenda entspricht. Hier geht es beispielsweise um die Vermutung, dass die Rezipienten das Thema Umweltschutz für das wichtigste Thema halten, wenn die Medien am meisten über Umweltschutz berichten, und das Thema Wirtschaft für das zweitwichtigste halten, wenn dies in den Medien am zweithäufigsten vorkommt usw. Das Themenstrukturierungsmodell kommt der Grundidee des Agenda-Setting-Ansatzes folglich am nächsten, weil es die Konkurrenz unter den Themen in den Medien und in der Bevölkerung abbildet.

Agenda-Setting: Theorie, Metapher oder Modell?

Trotz einiger theoretischer und methodischer Fortschritte, die in den folgenden Kapiteln diskutiert werden, wird bis heute relativ häufig bezweifelt, dass es sich beim Agenda-Setting-Ansatz um eine eigenständige Theorie handelt. Stattdessen wurden die Begriffe „Metapher" (Iyengar/Kinder 1987) oder „Modell" (Kosicki 1993) vorgeschlagen. Dies kann man zum einen damit begründen, dass man Agenda-Setting als Spezialfall der Lerntheorie betrachten kann, der sich nur in seinem Gegenstand von anderen Ansätzen in der Medienwirkungsforschung unterscheidet. Zum anderen kann man nach wie vor konstatieren, dass der Ansatz eine Reihe relevanter Randbedingungen im Rezeptions- und Wirkungsprozess (Rezipientenmerkmale, Informationsverarbeitungsmuster etc.) nicht systematisch berücksichtigt, wie es für eine umfassende Theorie notwendig wäre. Bereits gewonnene Erkenntnisse über andere Randbedingungen haben sich zudem bislang kaum in theoretischen Fortschritten niedergeschlagen. Dies soll hier nicht ausführlich thematisiert werden, weil die Randbedingungen des Agenda-Setting-Prozesses und die Kritik am Ansatz erst in den folgenden Kapiteln behandelt werden (Kapitel 4 und 5). Es soll jedoch bereits jetzt darauf hingewiesen werden, dass auch im Folgenden vom Agenda-Setting-Ansatz oder verschiedenen Agenda-Setting-Modellen die Rede sein und der Begriff „Theorie" bewusst vermieden wird.

2. Entwicklungsgeschichte des Ansatzes

In diesem Kapitel sollen die Fragen beantwortet werden, wie der Agenda-Setting-Ansatz entstanden ist, welche die prägenden Forscherpersönlichkeiten waren und wie sich die Forschung im Laufe der Zeit entwickelt und verändert hat. Vieles von dem, was hier im Überblick diskutiert wird, wird in den folgenden Kapiteln noch ausführlicher thematisiert.

Die Vorgeschichte

Vorläufer des Agenda-Setting-Ansatzes

Die Idee, dass die Weltsicht der Menschen wesentlich durch die Berichterstattung der Massenmedien geprägt ist, ist weit älter als der Agenda-Setting-Ansatz. Sie wird meist auf Walter Lippmans Standardwerk zur Öffentlichen Meinung zurückgeführt, das bereits 1922 erschien. Lippman vertritt darin die Ansicht, dass die Welt so komplex geworden ist, dass die Menschen die Massenmedien als Orientierungshilfe benötigen. Die Medien entwerfen demnach ein verkleinertes und verzerrtes Bild der Realität, an dem die Rezipienten ihre Vorstellungen ausrichten können (Lippman 1922: 11). Allerdings geht es Lippman hier noch eher um die Strukturierung von Einstellungen. Von einer Themensetzungsfunktion der Massenmedien ist noch nicht die Rede.

Auch diese Idee ist jedoch weit älter als der Agenda-Setting-Ansatz. Der älteste Beleg findet sich in einer frühen Studie zur britischen Presse, in der bereits eine „agenda-making function" der Medien diskutiert wird. Sie enthält – ähnlich wie eine Studie des amerikanischen Soziologen Norton Long aus den 1950er-Jahren – bereits alle relevanten Elemente der späteren Agenda-Setting-Hypothese. Beide wurden allerdings weder von McCombs und Shaw, noch von einem Großteil der bisherigen Agenda-Setting-Literatur zur Kenntnis genommen (zusammenfassend Rössler 1997: 22 f.).

Als Ausgangspunkt der Agenda-Setting-Forschung werden deshalb meist zwei Untersuchungen aus den 1960er-Jahren genannt, auf die sich McCombs und Shaw in ihrer Studie direkt beziehen: eine Studie zur britischen Parlamentswahl 1959 (Trenaman/McQuail 1961) und vor allem eine Abhandlung des Journalisten Bernhard Cohen über die Darstellung der amerikanischen Außenpolitik in der Presse (Cohen 1963). Beide enthielten in fast ähnlicher Formulierung bereits den später durch McCombs und Shaw berühmt gewordenen Satz, nach dem Massenmedien zwar vermutlich nicht beeinflussen, *was* die Menschen denken, aber umso eher beeinflussen, *worüber* sie nachdenken (Trenaman/McQuail 1961: 178; Cohen 1963: 13; McCombs/Shaw 1972: 177; siehe auch Kapitel 1).

Anekdoten

Wie wissenschaftliche Theorien entstehen
Während seiner Zeit als Assistant Professor an der University of California 1966/67 saß Maxwell McCombs eines Abends mit einigen seiner Kollegen in einer Bar in Los Angeles. Er hielt die aktuelle Ausgabe der Los Angeles Times in der Hand. Die Titelseite enthielt drei größere Berichte, die Schlagzeile des Tages war dem Rücktritt des Leiters eines Programms zur Bekämpfung der Armut in Los Angeles gewidmet. McCombs und seine Kollegen diskutierten den ganzen Abend darüber, warum die Redaktion wohl diese Ereignisse besonders herausgestellt hatte und welche Konsequenzen dies für die Ansichten der Leser haben könnte. Am nächsten Morgen betrat McCombs den Buchladen der Universität und kaufte ein Buch, das er bereits einige Jahre zuvor als Student in einem Seminar über Kommunikationstheorie gelesen hatte: The Press and Foreign Policy von Bernhard Cohen.

Einordnung des Ansatzes in die Geschichte der Medienwirkungsforschung

Vermutlich war es die von McCombs und Shaw hervorgehobene Kontrastierung von Einstellungs- und Thematisierungseffekten, die dem Gedanken seine damalige Relevanz gab. Weite Teile der empirischen Medienwirkungsforschung hatten sich seit Mitte der 1940er-Jahre mit der Frage beschäftigt, warum die Massenmedien so geringe Einflüsse auf die Einstellungen der Rezipienten hatten. Erklärungen waren schnell gefunden (Lazarsfeld/Berelson/Gaudet 1944): Zum einen schienen Gespräche mit anderen Menschen zur damaligen Zeit einen größeren Einfluss auf die Urteilsbildung zu haben als die Massenmedien, was zum Teil auch darauf zurückzuführen war, dass viele Menschen keinen direkten Zugang zu Massenmedien hatten. Zum anderen deutete vieles darauf hin, dass Menschen dazu neigten, an einmal gebildeten Urteilen festzuhalten, und deshalb nur solche Medieninformationen nutzten, die ihren bereits bestehenden Einstellungen entsprachen. Massenmedien – so eine damals weit verbreitete Annahme – können demzufolge nur bereits bestehende Einstellungen verstärken, aber nicht verändern. Die Beschäftigung mit der Medienwirkungsforschung erschien folglich als relativ überflüssiger Zeitvertreib (Klapper 1960).

Wirkungslose Medien?

Dies änderte sich mehr oder weniger schlagartig Ende der 1960er-/Anfang der 1970er-Jahre. In dieser Zeit erlebte die Medienwirkungsforschung eine wahre Renaissance, weil mehrere Forscher nahezu gleichzeitig an einer Reihe von neuen Medienwirkungstheorien arbeiteten. Nun gerieten Medieneinflüsse auf Wissen (Wissensklufthypothese; Tichenor/Donohue/Olien 1970), Medieneinflüsse auf die Öffentliche

Neue Medienwirkungstheorien

Meinung (Theorie der Schweigespirale; Noelle-Neumann 1973) und Medieneinflüsse auf die Realitätsvorstellungen der Rezipienten (Kultivierungshypothese; Gerbner/Gross 1976) in den Blickpunkt. Die Zeit war folglich auch reif für eine Theorie zum Einfluss der Medienberichterstattung auf das Problembewusstsein der Rezipienten. Sie wurde nahezu zeitgleich und unabhängig von zwei Forscherteams in Angriff genommen.

Die Pionierstudien

McCombs & Shaw 1972

Ende der 1960er-Jahre waren Maxwell McCombs und Donald Shaw Professoren für Journalismus an der Universität von North Carolina in Chapel Hill. Sie befragten dort im amerikanischen Präsidentschaftswahlkampf 1968 100 unentschlossene Wähler, welche Themen ihnen aktuell besonders wichtig sind, verglichen die Auskünfte der Befragten mit der Häufigkeit der Medienberichterstattung über diese Themen und stellten eine fast perfekte Übereinstimmung zwischen beiden Rangreihen fest (siehe ausführlich Kapitel 4). Schließlich interpretierten sie diese Übereinstimmung als Einfluss der Medienagenda auf die Publikumsagenda und nannten den gefundenen Effekt Agenda-Setting. 1972 veröffentlichten sie ihre Befunde in der renommierten Fachzeitschrift *Public Opinion Quarterly* unter dem programmatischen Titel: „The Agenda-Setting Function of Mass Media".

Akteure

Maxwell E. McCombs studierte an der Tulane University und der Stanford University Journalismus. Nach seinem Studienabschluss arbeitete er zunächst zwei Jahre als Reporter für eine Zeitung in New Orleans. Dann kehrte er nach Stanford zurück, wo er 1966 seine Promotion über die Wirkungen des Fernsehens auf kindliches Lernen abschloss. Anschließend übernahm er eine Stelle als Assistant Professor an der University of California. Nur ein Jahr später wechselte er an die University of North Carolina, wo er zum Zeitpunkt der Durchführung und Veröffentlichung der ersten Agenda-Setting-Studie eine Stelle als Assistant Professor für Journalismus innehatte. Ab 1973 war er John Ben Snow-Forschungsprofessor und Direktor des Zentrums für Kommunikationsforschung an der Syracuse University in New York. 1985 wurde er Direktor des Departments für Journalismus an der University of Texas, an der er auch heute noch als mittlerweile emeritierter Professor lehrt. Seit 1994 lehrt McCombs zugleich auch an der Universität von Navarra in Pamplona (Spanien). Er hat in dieser Zeit etwa 20 Monografien und Sammelbände herausgegeben und unzählige Beiträge in renommierten Fachzeitschriften veröffentlicht, die sich mehrheitlich mit dem Agenda-Setting-Ef-

> fekt beschäftigten, sowie eine Reihe von Auszeichnungen erhalten, darunter 2002 die Ehrendoktorwürde der Universität von Antwerpen.
> **Donald L. Shaw** studierte Journalismus an der University of North Carolina, wo er sich zunächst vor allem für medienhistorische Themen interessierte. Nach dem Studium arbeitete er drei Jahre lang bei zwei regionalen Tageszeitungen und begann danach ein Promotionsstudium an der University of Wisconsin. Dort promovierte er schließlich über den Einfluss der Erfindung des Telegrafen auf die Objektivität der Presse. Nach Abschluss seiner Promotion wechselte er im Jahre 1966 nahezu zeitgleich mit McCombs zurück an die University of North Carolina, wo er ebenfalls eine Stelle als Assistant Professor für Journalismus antrat. Shaw ist der Universität bis heute treu geblieben und mittlerweile ebenfalls emeritiert. Er hat etwa 10 Monografien und Sammelbände sowie eine Reihe von Beiträgen über den Agenda-Setting-Effekt veröffentlicht und beschäftigt sich darüber hinaus immer wieder mit medienhistorischen Themen.
> **G. Ray Funkhouser** promovierte 1967 an der Stanford University und wechselte anschließend an die Pennsylvania State University, wo er zum Zeitpunkt der Veröffentlichung seiner Agenda-Setting-Studie eine Stelle als Assistant Professor für Kommunikationsforschung innehatte. Später wechselte er zunächst an die Rutgers University und Anfang der 1990er-Jahre schließlich an die National University in Singapur. Nach seiner Pionierstudie beschäftigte Funkhouser sich nie wieder mit dem Agenda-Setting-Ansatz. Stattdessen veröffentlichte er eine Reihe von Büchern und Aufsätzen über persuasive Kommunikation und Marketing. Funkhouser arbeitet heute als Consultant.

Etwa zur selben Zeit beschäftigte sich G. Ray Funkhouser, Assistenzprofessor für Kommunikationsforschung an der Pennsylvania State University, mit einem ähnlichen Problem. Er ermittelte für jedes Jahr in den 1960ern die Häufigkeit, mit der die Medien über die wichtigsten Probleme dieser Zeit berichteten, und verglich sie mit Umfragedaten des Meinungsforschungsinstituts Gallup, das eine repräsentative Stichprobe von Amerikanern jährlich danach befragte, welche Probleme sie im Augenblick am meisten beschäftigten. Funkhouser stellte nicht nur starke Übereinstimmungen beider Rangreihen fest, sondern konnte aufgrund seiner jährlichen Messzeitpunkte auch ermitteln, dass eine *Veränderung* der Medienagenda mit einer Veränderung der Bevölkerungsagenda einherging. Zudem zeigte er durch einen Vergleich der Berichterstattung mit externen Realitätsindikatoren, dass das Problembewusstsein der Bevölkerung der Medienberichterstattung folgte, ob-

Funkhouser 1973

wohl diese die tatsächliche Bedeutung der Probleme fast nie adäquat widerspiegelte (siehe ausführlicher Kapitel 4).

Funkhousers Studie wurde etwa ein dreiviertel Jahr nach der von McCombs und Shaw in derselben Fachzeitschrift veröffentlicht (Funkhouser 1973). Er verwendete den Begriff „Agenda-Setting" nicht. Stattdessen sprach er von Medieneinflüssen auf die „Öffentliche Meinung". Der Beitrag von McCombs und Shaw war zum Zeitpunkt der Einreichung seines Beitrags noch nicht erschienen. Obwohl fraglos beide Studien eine Reihe methodischer Mängel aufweisen (siehe Kapitel 4), muss man wohl konstatieren, dass Funkhousers Studie der von McCombs und Shaw methodisch weit überlegen war. Dennoch genießen McCombs und Shaw heute als Begründer des Agenda-Setting-Ansatzes Weltruhm, während Funkhouser nach seiner Pionierstudie kaum noch in Erscheinung trat.

Anekdoten

Wie man wissenschaftlichen Ruhm erlangt

Maxwell McCombs und Donald Shaw gehören heute ohne jeden Zweifel zu den weltweit bekanntesten und renommiertesten Kommunikationswissenschaftlern. Warum ist das so? Selbstverständlich gehört dazu viel wissenschaftliches Talent, ungehöriger Fleiß und eine Menge guter Ideen. Das alleine reicht aber nicht. Ohne ihre Leistungen schmälern zu wollen, kann man festhalten, dass McCombs und Shaw keine wirklich neue Idee hatten. Sie hatten sich vielmehr geschickt bei einer Reihe älterer Autoren bedient. Auch die empirische Umsetzung ihrer Studie ist aus heutiger, und prinzipiell auch aus damaliger Sicht keine Meisterleistung (siehe Kapitel 4). Etwa zeitgleich hatte Ray Funkhouser eine ähnliche Idee und veröffentlichte eine Untersuchung zum selben Thema, die methodisch weit anspruchsvoller war. Warum sind McCombs und Shaw heute weltberühmt, während Funkhouser bestenfalls Insidern bekannt ist? Der entscheidende Grund ist vermutlich nicht, dass Funkhousers Studie ein paar Monate zu spät erschien. Der entscheidende Grund dürfte vielmehr sein, dass McCombs und Shaw ein einprägsames Label für ihren Ansatz fanden. Sie begründeten die „Agenda-Setting-Forschung", während Funkhouser nur eine weitere Studie zur „Öffentlichen Meinung" veröffentlichte. Und sie taten alles dafür, dass tatsächlich eine kontinuierliche Agenda-Setting-Forschung entstand, indem sie bereits kurz nach ihrer Pionierstudie weitere Untersuchungen zu diesem Ansatz veröffentlichten, sich fortan mehr oder weniger ihr ganzes Wissenschaftlerleben diesem Thema widmeten und viele ihrer Doktoranden für das Thema begeisterten.

Funkhouser dagegen hat sich bald anderen Themen zugewandt und geriet in Vergessenheit.

Die sechs Phasen der Agenda-Setting-Forschung

Kaum eine andere Idee in der Medienwirkungsforschung hat so rasch eine so große Menge an empirischer Forschung generiert wie die Agenda-Setting-Hypothese. Zu Beginn der 1990er-Jahre lagen hierzu bereits etwa 200 Publikationen vor (Rogers/Dearing/Bregman 1993). Seitdem hat sich die Forschungstätigkeit sogar noch weiter erhöht (Weaver 2007). Will man die vergangenen 45 Jahre Agenda-Setting-Forschung systematisieren, lassen sich idealtypisch sechs Phasen unterscheiden:

1) Die Entdeckung des Effekts

Die Phase beginnt mit McCombs und Shaws Chapel-Hill-Studie und schließt die frühen Nachfolgestudien ein. In dieser Zeit ging es vor allem darum, grundsätzlich zu überprüfen, ob es einen Zusammenhang zwischen Medien- und Publikumsagenda gibt und ob in diesem Fall die Medienagenda die Publikumsagenda stärker beeinflusst als umgekehrt.

2) Die Untersuchung von Randbedingungen

Mitte der 1970er-Jahre konnte der Effekt als weitgehend bestätigt gelten. Von nun an gelangte die Frage in den Vordergrund, unter welchen Randbedingungen er mehr oder weniger stark auftritt. Untersucht wurden zunächst Drittvariablen, die einen Einfluss auf die Stärke des Effekts haben könnten. Dabei ging es beispielsweise um die Frage, ob das Fernsehen oder die Presse stärkere Agenda-Setting-Effekte verursachen (Merkmale des Mediums), ob die Agenda-Setting-Effekte bei manchen Themen stärker sind als bei anderen (Merkmale der Botschaft) und welche soziodemografischen und motivationalen Prädispositionen die Stärke der Agenda-Setting-Effekte beeinflussen (Merkmale der Rezipienten; siehe ausführlich Kapitel 4).

> Merkmale des Mediums, der Botschaft und der Rezipienten

Andere Studien beschäftigten sich mit der Frage, ob man den Zusammenhang zwischen Medien- und Publikumsagenda nicht einfach dadurch erklären konnte, dass es in der Realität objektiv wichtige Themen gibt, die sowohl von den Medien, als auch von der Bevölkerung aufgegriffen werden, ohne dass das eine die Ursache des anderen ist. Um dies zu überprüfen, untersuchten sie den Einfluss von Realitätsindikatoren (Inflationsrate, Kriminalitätsstatistik usw.) auf den Agenda-Setting-Prozess.

3) Neue Theorien und neue Modelle

Priming und Framing

Mitte der 1980er-Jahre wurde die Agenda-Setting-Forschung um zwei neue Überlegungen ergänzt, die mit der ursprünglichen Hypothese verwandt sind, jedoch weit über diese hinausgehen. Der *Priming-Ansatz* postuliert, dass die Rezipienten die Themen, über die die Massenmedien besonders häufig berichten, nicht nur für besonders wichtig halten, sondern darüber hinaus auch verstärkt zur Urteilsbildung über Politiker und als Kriterien für die Wahlentscheidung heranziehen. Der *Framing-Ansatz* postuliert, dass die Art und Weise, wie in der Medienberichterstattung bestimmte Aspekte präsentiert oder betont werden, die Urteile der Rezipienten beeinflusst (siehe Kapitel 5 und 6).

Neue Wirkungsmodelle

Zugleich wurden in dieser Zeit neue, komplexe Modelle zur Analyse von traditionellen Agenda-Setting-Effekten entwickelt. Während die frühen Agenda-Setting-Studien zumindest implizit von linearen Entwicklungen (je mehr Medienberichte über ein Thema, desto wichtiger erscheint es der Bevölkerung) ausgegangen sind, wurden nun erstmals auch Überlegungen zu nonlinearen Modellen angestellt. Hier wurde beispielsweise vermutet, dass Agenda-Setting-Effekte erst nach einer längeren Zeit intensiver Berichterstattung über ein Thema auftreten oder die Bevölkerung ein über einen längeren Zeitraum intensiv berichtetes Thema auch dann noch für wichtig hält, wenn die Medienberichterstattung bereits verebbt ist. Zudem beschäftigten sich in dieser Zeit Studien erstmals intensiv mit der Frage, ob und wie die Medienagenda über interpersonale Kommunikation auch an Personen weitergegeben wird, die selbst keine Medien nutzen (Kapitel 5).

4) Einflüsse auf die Medienagenda

Agenda-Building

Während sich der traditionelle Agenda-Setting-Ansatz mit der Frage beschäftigt, wie die Medienagenda die Publikumsagenda beeinflusst, haben sich spätere Untersuchungen auch intensiv mit der Frage befasst, wie die Medienagenda selbst zustande kommt. Obwohl McCombs (1993) hier von einer vierten Phase der Forschung spricht, muss man konstatieren, dass sich die Forschung in diesem Bereich zeitlich weitgehend parallel zu der der dritten Phase entwickelt hat.

Bereits 1981 verwendeten Lang und Lang den Begriff *Agenda-Building* für die komplexen Prozesse beim Entstehen der Medienagenda. Hierbei ging es zunächst um die Frage, welchen Einfluss die Themenagenda politischer Akteure (policy agenda) auf die Medienagenda hat. Diese Überlegungen mündeten später in eine umfassende Diskussion um die wechselseitigen Einflüsse von Medien-, Policy- und Publikumsagenda, die mit einer Erweiterung des Agenda-Setting-Begriffs auf alle diese Einflüsse einherging (Rogers/Dearing 1988; Kapitel 5).

5) Ausweitung des Ansatzes auf andere Wirkungsphänomene

Seit Mitte der 1990er-Jahre erweiterte McCombs den Agenda-Setting-Ansatz um neue Überlegungen, die über die Annahme von Medieneinflüssen auf die wahrgenommene Themenrelevanz der Rezipienten weit hinausgehen. Dabei entwickelte er zunächst die Idee des *Second-Level oder Attribute Agenda-Setting*. Demnach rücken die Massenmedien bestimmte Attribute, z.B. Eigenschaften eines Politikers, in den Vordergrund. Die Rezipienten ziehen diese Attribute dann in der Folge besonders stark zur politischen Urteilsbildung heran. Auf dieser zweiten Agenda-Setting-Ebene konkurriert der Ansatz folglich mit dem Framing-Ansatz und anderen Theorien zu Medieneinflüssen auf politische Einstellungen.

Second- und Third-Level Agenda-Setting

In den letzten Jahren wurde diesen beiden Ebenen schließlich noch eine dritte hinzugefügt, das sogenannte *Third-Level oder Network Agenda-Setting*. Der Ansatz geht davon aus, dass die Rezipienten politische Sachthemen als zusammengehörig wahrnehmen, wenn sie in Medienbeiträgen häufig gemeinsam auftreten. Dabei bilden die in den Medien gemeinsam auftretenden Themen eine Art Netzwerk, das in der Regel stark mit dem entsprechenden Netzwerk in den Köpfen der Rezipienten korrespondiert (siehe Kapitel 5).

6) Theoriemodifikationen in der Online-Welt

Die zunehmende Bedeutung des Internets und insbesondere sozialer Medien für die politische Kommunikation hat zuletzt die grundsätzliche Frage aufgeworfen, ob und inwiefern der Agenda-Setting-Ansatz unter den Bedingungen der Online-Welt modifiziert werden muss (ausführlich Weimann/Brosius 2017). Dies könnte aus mehreren Gründen notwendig sein: Erstens differenziert sich durch die Vielzahl der online verfügbaren Informationsquellen die Mediennutzung zukünftig möglicherweise soweit aus, dass unterschiedliche Rezipienten kaum noch gemeinsame Medieninhalte nutzen (Fragmentierungs-These; Sunstein 2007). Zudem sorgen Computer-Algorithmen dafür, dass den Rezipienten online vor allem solche Informationen angezeigt werden, die zu ihrem vorherigen Nutzungsverhalten passen (Filter Bubble; Pariser 2011). Dies könnte dazu führen, dass sich die Rezipientenagenden zunehmend voneinander unterscheiden und Agenda-Setting-Effekte auf die gesamte Bevölkerung unwahrscheinlicher werden. Zweitens entstehen online neue Agenden, die von den Rezipienten kontinuierlich aktualisiert werden. Beispiele hierfür sind Listen der meistgelesenen Beiträge eines Online-Mediums oder die Häufigkeit, mit der Rezipienten ein Thema in sozialen Medien diskutieren. Diese und ähnliche Entwicklungen führen zu einer neuen Dynamik im Agenda-Setting-

Agenda-Setting im Online-Kontext

Prozess, der einfache Ursache-Wirkungs-Annahmen kaum noch gerecht werden. Drittens kann man annehmen, dass die Bedeutung der Bürger für den Agenda-Setting-Prozess in der Online-Welt erheblich steigt. Während sie in der traditionellen Mediengesellschaft vor allem als mehr oder weniger passive Rezipienten journalistischer Informationen auftraten, können sie nun z.B. durch das Weiterleiten von Medienbeiträgen oder das Verfassen eigener Beiträge in sozialen Medien selbst Agenda-Setting betreiben.

Obwohl sich diese Überlegungen in den letzten Jahren bereits in einer Vielzahl empirischer Untersuchungen niedergeschlagen haben, ist eine entsprechende theoretische Modifikation des Agenda-Setting-Ansatzes bislang noch nicht erkennbar. Hierfür ist es vielleicht auch noch zu früh, weil viele der genannten Entwicklungen noch nicht abgeschlossen sind oder sogar unklar ist, ob sie überhaupt schon eingesetzt haben. So zeigt sich z.B. die Fragmentierung der Mediennutzung bislang allenfalls in Ansätzen (Flaxman/Goel/Rao 2016). Zudem beteiligt sich nach wie vor nur ein sehr kleiner Teil der Bevölkerung aktiv in sozialen Netzwerken an politischen Debatten. Der Forschung zum Agenda-Setting-Effekt in der Online-Welt wird deshalb in diesem Lehrbuch kein eigenes Kapitel gewidmet. Die Befunde werden vielmehr in die Kapitel integriert, die sich mit der Rolle unterschiedlicher Medien im Agenda-Setting-Prozess beschäftigen (Kapitel 4 und 5).

Einschränkend soll am Ende noch hinzugefügt werden, dass diese Phaseneinteilung selbstverständlich idealtypisch ist und die tatsächlichen Forschungsaktivitäten nur grob wiedergibt. In jedem Fall sollte aber deutlich geworden sein, wie vielfältig die Forschung zum Agenda-Setting-Ansatz mittlerweile ist. Die relevanten Befunde zum Ansatz selbst und zu seinen Weiterentwicklungen werden detailliert in den Kapiteln 4 bis 6 präsentiert. In Kapitel 3 soll zunächst die Forschungslogik des Ansatzes diskutiert werden.

3. Forschungslogik der Methode

In diesem Kapitel soll diskutiert werden, wie der Agenda-Setting-Effekt in empirischen Studien untersucht werden kann. Dabei geht es z.B. um die Fragen, wie man Themen definiert und voneinander abgrenzt, wie man die Medien- und die Publikumsagenda misst und mit welchen Untersuchungsdesigns man die Einflüsse der einen auf die andere untersuchen kann.

Bereits im ersten Kapitel wurde deutlich, dass dem Agenda-Setting-Ansatz eine relativ einfache Ursache-Wirkungs-Annahme zugrunde liegt: Die Medienagenda (unabhängige Variable) beeinflusst die Publikumsagenda (abhängige Variable). Um von einer solchen Ursache-Wirkungs- oder Kausalbeziehung sprechen zu können, müssen prinzipiell vier Gegebenheiten erfüllt sein: Erstens muss den Überlegungen eine sinnvolle Theorie zugrunde liegen, zweitens muss zwischen der unabhängigen und der abhängigen Variablen ein Zusammenhang bestehen, drittens muss dieser Zusammenhang auch dann bestehen bleiben, wenn die relevanten Drittvariablen kontrolliert sind, und viertens muss die vermutete Ursache zeitlich vor der vermuteten Wirkung liegen.

Agenda-Setting als Kausalbeziehung

Kausalbeziehungen können im Rahmen der Medienwirkungsforschung entweder mit kontrollierten Laborexperimenten oder mit Feldstudien untersucht werden. Laborexperimente sind Feldstudien dabei prinzipiell überlegen, weil es nur hier möglich ist, potenzielle Ursachen zu isolieren und die Einflüsse von Drittvariablen sicher auszuschalten. Weil es aber ausgesprochen schwierig ist, in Experimenten komplette Medienagenden zu simulieren, werden die meisten Agenda-Setting-Studien als Feldstudien durchgeführt. Die Medienagenda wird mit Medieninhaltsanalysen ermittelt, die Publikumsagenda mit Bevölkerungsbefragungen. Anschließend werden beide miteinander in Beziehung gesetzt. Dies kann wiederum auf unterschiedliche Arten geschehen, die im Folgenden diskutiert werden. Anschließend wird kurz auch auf experimentelle Agenda-Setting-Studien eingegangen (zum Folgenden siehe auch Rössler 2006).

Die Abgrenzung von Themen

Bevor diskutiert wird, wie Medien- und Publikumsagenda erhoben und miteinander in Beziehung gesetzt werden können, soll hier zunächst eines der zentralen methodischen Probleme der Agenda-Setting-Forschung behandelt werden: die Frage, wie man Themen definieren und voneinander abgrenzen kann. Dabei geht es sowohl um die Erfassung der Medien-, als auch um die Erfassung der Bevölkerungsagenda. Unstrittig ist, dass Themen weder in den Medienberichten, noch in den Köpfen der Rezipienten als natürliche Einheiten existieren. Über die Abgrenzung von Themen in der Medienagenda entscheidet der jeweilige Forscher mit der Entwicklung des Codebuchs. Die Abgrenzung von Themen in der Bevölkerungsagenda wird von unterschiedlichen Rezipienten ganz unterschiedlich vorgenommen. Dabei kann man im Rahmen der Agenda-Setting-Forschung Themen auf drei Ebenen unterscheiden:

Themenebenen

Abstrakte Hauptthemen: In McCombs und Shaws (1972) Pionierstudie und vielen späteren Untersuchungen werden relativ abstrakte Themenkategorien betrachtet, z.B. Außenpolitik, Innere Sicherheit, Wirtschaft usw. Dies erhöht die Vergleichbarkeit von Medien- und Publikumsagenda, weil sich alle Themen und Ereignisse unter diese abstrakten Kategorien subsumieren lassen und folglich beide Agenden auf einem hohen Aggregationsniveau gegenübergestellt werden können. Viele Studien verwenden allerdings auch deshalb abstrakte Themenkategorien, weil es sich um Sekundäranalysen von Umfragedaten handelt, bei denen die Themenkategorien bereits vorgegeben sind.

Konkrete Subthemen: Es ist bereits eingangs deutlich geworden, dass mit „Themen" öffentliche Streitfragen oder Probleme gemeint sind, die gelöst werden müssen (Kapitel 1). Diese Definition passt im Grunde nicht zur Analyse abstrakter Themen, weil die Außenpolitik an sich kein Problem darstellt, sondern allenfalls ein Oberbegriff ist, hinter dem sich mehrere konkrete Probleme verbergen. Bereits die Studie von Funkhouser (1973) berücksichtigt deshalb eine ganze Reihe konkreterer Probleme, wie den Vietnam-Krieg, Studentenunruhen und die Gleichberechtigung von Frauen. Diese Themen stellen in gewisser Weise jeweils Konkretisierungen der abstrakten Themen dar und kommen der Definition eines Themas als Streitfrage oder Problem deshalb deutlich näher.

Einzelereignisse: Schließlich kann man Agenda-Setting-Effekte auch auf der Ebene von Einzelereignissen betrachten. Sinnvoll ist dies vor allem, wenn es um spektakuläre Ereignisse geht, die eine erhebliche Medienberichterstattung nach sich ziehen, z.B. die Terroranschläge vom 11. September 2001 oder die Flutwelle in Ostdeutschland kurz vor der Bundestagwahl 2002. Konsequenterweise müsste die Relevanz dieser Ereignisse auf der Medien- und Publikumsagenda dann aber mit der Relevanz anderer Einzelereignisse verglichen werden. Dies ist jedoch schwierig, weil täglich unzählige Ereignisse geschehen, die nur mit großem Aufwand alle einzeln erfasst werden können. In der Praxis werden deshalb häufig Einzelereignisse wie die Flutwelle und abstrakte

Themen wie „Wirtschaft" auf ein und derselben Themenliste erfasst und im Hinblick auf ihre Relevanz für Medien und Bevölkerung verglichen, obwohl dieser Vergleich selbstverständlich hinkt.

Wie Themen definiert und voneinander abgegrenzt werden, wirkt sich in erheblicher Weise auf die Ergebnisse von Agenda-Setting-Studien aus (siehe Kapitel 4). Welche Vorgehensweise am sinnvollsten ist, muss im Einzelfall entschieden werden. Allerdings kann man eine Reihe von Grundregeln formulieren, die in jedem Fall beachtet werden sollten: Die Themenkategorien sollten trennscharf sein, d.h. die Zuordnungen zu den Themen müssen eindeutig vorgenommen werden können. Die Themenkategorien sollten auf einer Ebene liegen. Die Erfassung der Themen auf Medien- und Publikumsseite sollte nach denselben Prinzipien erfolgen. Wie dies jeweils geschieht, wird im folgenden Abschnitt behandelt.

Die Erhebung von Medien- und Publikumsagenda

Die Medienagenda wird durch quantitative Inhaltsanalysen erhoben, in denen die Häufigkeit ermittelt wird, mit der die Medien in einem gegebenen Zeitraum über bestimmte Themen berichten. Die Themen werden anschließend in eine Rangfolge gebracht, beginnend mit dem Thema, über das am häufigsten berichtet wurde. Was auf den ersten Blick relativ unkompliziert wirkt, ist bei näherer Betrachtung mit einer Reihe von inhaltlichen und methodischen Entscheidungen verbunden:

Erhebung der Medienagenda

Die erste Entscheidung betrifft die Frage, welche Medien überhaupt analysiert werden sollen. Hierbei wird man zunächst konstatieren müssen, dass man die Medienagenda, die prinzipiell aus den Berichten einer unüberschaubaren Zahl von Fernsehsendungen, Tageszeitungen, Online-Beiträgen, Hörfunknachrichten usw. besteht, in ihrer Gänze nicht erfassen kann. Stattdessen werden in der Regel erstens besonders reichweitenstarke Medien in die Untersuchung einbezogen, weil man davon ausgehen kann, dass sie auch von vielen Befragten in der Stichprobe genutzt werden. Zweitens werden Medien einbezogen, denen im Mediensystem eine Schlüsselstellung zukommt, weil man davon ausgehen kann, dass sich andere Medien in ihrer Berichterstattung an ihnen orientieren. In Deutschland sind das z.B. überregionale Qualitätszeitungen wie die *FAZ* oder die *Süddeutsche Zeitung* und die Nachrichtensendungen der größeren Fernsehsender.

Die zweite Entscheidung betrifft die Frage, in welchen Zeiträumen die Medienberichterstattung analysiert werden soll. Dies hängt eng mit den Fragen zusammen, mit welcher Verzögerung Agenda-Setting-Effekte eintreten und wie lange sie anhalten. Die Agenda-Setting-Forschung hat sich mit diesen Fragen lange Zeit nicht beschäftigt und relativ willkürliche Analysezeiträume gewählt, die häufig auch durch die Verfügbarkeit der Befragungsdaten determiniert waren. Bis heute werden Agenda-Setting-Effekte auf Tages-, Wochen-, Monats- oder Jahresbasis untersucht, ohne dass es eindeutige Befunde dazu gibt, wie lange die Untersuchungszeiträume jeweils gewählt werden sollten. Diese Frage soll in Kapitel 4 ausführlich diskutiert werden.

Die dritte Entscheidung betrifft die Frage, welche Indikatoren für die Themenrelevanz in den Medien herangezogen werden sollen. Wird, wie in den meisten Studien, ausschließlich die Häufigkeit einzelner Medienbeiträge zu einem Thema herangezogen, wird implizit unterstellt, dass sich alle Beiträge unabhängig von ihrer Länge und ihrer Platzierung gleichermaßen in der Publikumsagenda niederschlagen. Diese Annahme ist allerdings unrealistisch, weil man annehmen kann, dass beispielsweise der Aufmacher auf der Titelseite einer Tageszeitung den Lesern deutlich stärker den Eindruck vermittelt, dass es sich hierbei um ein wichtiges Thema handelt, als ein kurzer Beitrag im Innenteil der Zeitung. Dies spricht dafür, die Beiträge beim Erstellen der Medienagenda mit ihrer Länge und Platzierung zu gewichten. Solche Studien wurden bislang aber nur selten durchgeführt.

Die vierte Entscheidung betrifft die Frage, wie die verschiedenen Themen inhaltsanalytisch voneinander abgegrenzt werden können. Im vorherigen Abschnitt sind bereits einige Grundregeln formuliert worden, die für die Erfassung der Medien- und der Publikumsagenda gelten können. Wie dies in einem Inhaltsanalyse-Codebuch praktisch umgesetzt werden kann, wird auf der folgenden Seite anhand eines Beispiels aufgezeigt.

Automatisierte Inhaltsanalysen

In den meisten Agenda-Setting-Studien wird die Medienagenda nach wie vor über Inhaltsanalysen mit menschlichen Codierern erhoben. Seit einigen Jahren werden jedoch auch zunehmend computergestützte Verfahren zur automatisierten Erfassung der Medienagenda eingesetzt. Dabei kann man grob zwei Verfahren unterscheiden: In der einfachen Variante erfasst der Computer das Vorkommen bestimmter Stichworte in Medienbeiträgen. Enthält ein Beitrag z.B. das Wort „Arbeitslosigkeit" oder einen ähnlichen Begriff, der vorab in einem sogenannten Diktionär definiert wurde, wird er als Beitrag zum Thema Arbeitslosigkeit klassifiziert. In der fortgeschrittenen Variante (Topic Modeling) werden Computeralgorithmen entwickelt, die anhand von Trainingsdaten quasi selbständig lernen, Themen in Medienbeiträgen zu identifizieren. Der Vorteil der automatisierten Codierung besteht darin, dass sehr große Mengen von Beiträgen in kürzester Zeit und kostengünstig analysiert werden können. Der Nachteil besteht darin, dass automati-

> **Verfahren**
>
> **Erhebung der Medienagenda: Beispiel für eine Themenliste (Ausschnitt)**
> **Thema des Berichtsgegenstands**
> Unter Thema wird der Bereich verstanden, zu dem der Beitragsgegenstand gehört [...]. Bis zu drei Themen können codiert werden. Bei mehr als drei Themen werden nur die wichtigsten verschlüsselt [...] Kann das Thema eines Beitrages nur allgemein einer Kategorie zugeordnet werden, ist die jeweils fett gedruckte Oberkategorie zu verwenden.
>
> [...]
>
> 160 Arbeitsmarkt
> 161 Arbeitslosenzahlen/Lage auf dem Arbeitsmarkt
> 162 Maßnahmen zur Bekämpfung der Arbeitslosigkeit/Schaffung von Arbeitsplätzen
> 163 Ursachen der Arbeitslosigkeit
> 164 Verlagerung von Arbeitsplätzen ins Ausland
> 165 Ausbildungsplätze
> 170 Steuern
> 171 Scheitern der Steuerreform
> 172 Ökologische Steuerreform (allgemein)
> 173 5-Mark-Benzinpreisbeschluß der Grünen
> 174 Mehrwertsteuer
> 175 Spitzensteuersatz
> 176 Vereinfachung des Steuersystems
> 177 Steuerflucht ins Ausland
> [...]
>
> Quelle: Codebuch Projekt BTW `98 (Noelle-Neumann/Kepplinger/Donsbach 1999)

sierte Codierungen zumindest im Augenblick noch nicht ganz die Qualität manueller Codierungen erreichen. Allerdings ist die Erfassung von Themen automatisiert wesentlich unkomplizierter als z.B. die Erfassung von Bewertungen. Während Bewertungen häufig implizit zwischen den Zeilen vorgenommen werden, sind die Themen eines Medienbeitrags auch für Computerprogramme in der Regel gut erkennbar (Guo u.a. 2016).

3. Forschungslogik der Methode

Erhebung der Publikumsagenda

Die Publikumsagenda wird in der Regel mit mehr oder weniger repräsentativen Bevölkerungsumfragen erhoben. Dabei werden die Befragten meist direkt danach gefragt, welche Themen sie für besonders wichtig halten. Die Themen werden anschließend in eine Rangfolge gebracht, beginnend mit dem Thema, das die meisten Befragten für wichtig halten. Die Fragen können entweder offen oder geschlossen gestellt werden. Bei der offenen Abfrage werden die Befragten gebeten, das wichtigste oder mehrere wichtige Probleme zu benennen, die sie gerade beschäftigen, ohne dass ihnen Vorgaben gemacht werden. Das gängigste Fragemodell ist die sogenannte Gallup-Frage (siehe unten). Der Vorteil der offenen Abfrage besteht darin, dass die Befragten die Möglichkeit haben, alles zu nennen, was sie wirklich beschäftigt. Weil die Frage offenlässt, was unter einem Thema zu verstehen ist, fallen die Antworten aber meist sehr unterschiedlich aus: Manche Befragte nennen abstrakte, manche konkrete Themen, andere nennen Einzelereignisse oder verschiedene Themen, die auf unterschiedlichen Ebenen liegen. Die Antworten müssen deshalb hinterher aufwändig recodiert und vergleichbar gemacht werden. Dies läuft meist darauf hinaus, dass die genannten Themen zu wenigen, abstrakten Hauptkategorien zusammengefasst werden.

Bei der geschlossenen Abfrage werden den Befragten mehrere (meist 10–15) Themen vorgegeben, die sie in eine Rangfolge der Wichtigkeit bringen oder deren Wichtigkeit sie auf mehrstufigen Skalen (z.B. „überhaupt nicht wichtig" bis „sehr wichtig") einschätzen sollen. In diesem Fall entscheidet der Forscher bereits im Vorfeld, welche Themenebene er vorgeben will und welche Themen er für so wichtig hält, dass sie den Befragten zur Auswahl gestellt werden sollen. Dies erspart zwar die aufwändigen Recodierungen. Auf der anderen Seite kommt der Entscheidung, welche Themen vorgegeben werden, aber eine erhebliche Bedeutung zu: Manche Befragten werden erst durch die Themenvorgaben auf bestimmte Themen aufmerksam, andere werden die Themen, die sie wirklich beschäftigen, unter den Vorgaben nicht finden. Sowohl die offene, als auch die geschlossene Abfrage haben folglich Vor- und Nachteile. Welche Variante gewählt wird, muss im Einzelfall entschieden werden.

Fragemodelle

Bereits der Blick auf die wenigen hier präsentierten Fragemodelle (für einen Überblick über weitere vgl. Rössler 1997: 88ff.) macht deutlich, auf welch unterschiedliche Arten die Publikumsagenda erhoben wird. So fragen manche Studien nach Problemen, andere nach Themen, Ereignissen oder politischen Zielen. Während die meisten Studien erheben, welche Themen die Befragten selbst für wichtig halten (intraper-

> **Verfahren**
>
> **Erhebung der Publikumsagenda: Fragemodelle**
>
> **Offene Fragen**
>
> „What are you most concerned about these days? That is, regardless of what politicians say, what are the two or three main things which you think the government should concentrate on doing something about?" (McCombs/ Shaw 1972; übernommen aus Treneman/McQuail 1961)
>
> "What is the most important problem facing [this country] today?" (Funkhouser 1973; sogenannte Gallup-Frage, entwickelt durch das Meinungsforschungsinstitut Gallup)
>
> „Wenn Sie einmal an die vergangenen Wochen zurückdenken, was empfanden Sie da persönlich als die wichtigsten politischen oder gesellschaftlichen Themen?" (Rössler 1997: 248)
>
> **Geschlossene Fragen**
>
> „Hier auf diesen Karten sind verschiedene politische Ziele aufgeschrieben. Welche dieser Ziele halten Sie für wichtig? Wenn Sie bitte einmal alle Karten mit wichtigen Zielen herauslegen." (Noelle-Neumann/Kepplinger/Donsbach 1999; Frageformulierung: Institut für Demoskopie Allensbach)
>
> „Betrachten wir nun das Ereignis auf der Karte... Für wie wichtig halten Sie persönlich dieses Ereignis...? Bitte antworten Sie anhand dieser Skala." Skala: sehr wichtig [5] ... unwichtig [1] (Rössler 1997: 251)

sonale Agenda), fragen andere danach, welche Themen ihrer Einschätzung nach von anderen oder von der Bevölkerung insgesamt für wichtig gehalten werden (wahrgenommene Bevölkerungsagenda) oder danach, über welche Themen sie sich mit anderen unterhalten (interpersonale Agenda). Zudem kann man Frageformulierungen unterscheiden, die die Bedeutung eines Themas für den Befragten selbst betonen (persönlich wichtige Probleme), und solche, die eher auf die gesamtgesellschaftliche Bedeutung eines Themas abheben (allgemein wichtige Probleme).

Einerseits kann man die Vielfalt der Fragemodelle kritisieren – zumindest dann, wenn sie willkürlich verwendet werden. Auf der anderen Seite ist häufig gefordert worden, die Publikumsagenda auch innerhalb einzelner Studien mit mehreren Indikatoren zu erheben, um ihre gesamte Komplexität zu erfassen. Neuere Methodenexperimente zeigen allerdings, dass die Formulierung der Agenda-Setting-Frage nur einen relativ geringen Einfluss auf das Antwortverhalten der Befragten hat: Unabhängig davon, ob nach Themen oder Problem gefragt wurde und ob die individuelle oder gesamtgesellschaftliche Themenrelevanz in den Vordergrund gerückt wurde, ergaben sich relativ ähnliche Publikumsagenden (Min/Ghanem/Evatt 2007). Dies spricht dafür, dass es sich bei der Publikumsagenda um ein relativ robustes Konstrukt handelt.

Alternative Messungen der Publikumsagenda

Bevölkerungsbefragungen sind allerdings grundsätzlich mit dem Problem der sogenannten Reaktivität verbunden. Damit ist gemeint, dass der Untersuchungsgegenstand – hier also die von den Befragten wahrgenommene Relevanz der Themen – durch die Untersuchung beeinflusst wird. So könnten Befragte bestimmte Themen nur deshalb als relevant bezeichnen, weil sie dies für sozial erwünscht halten. Zudem haben viele Befragte im Alltag möglicherweise gar keine Vorstellungen von der Relevanz von Themen und werden nur durch die Befragung dazu animiert, sich darüber Gedanken zu machen. Die Antworten dieser Befragten wären folglich unzuverlässig oder könnten schlecht auf die gesamte Bevölkerung übertragen werden. Deshalb haben in den letzten Jahren einige Autoren vorgeschlagen, die Publikumsagenda über das nicht reaktive Online-Suchverhalten der Bevölkerung zu erfassen. Demnach wäre z.B. die Häufigkeit, mit der bestimmte Begriffe wie Arbeitslosigkeit oder Flüchtlinge in Online-Suchmaschinen eingegeben werden, ein Indikator dafür, für wie relevant die Bevölkerung das entsprechende Thema hält. Solche Daten werden von den Suchmaschinen automatisch generiert und sind in aggregierter Form frei im Internet verfügbar.

Für diese Vorgehensweise spricht erstens, dass zwischen dem Online-Suchverhalten und der über Bevölkerungsbefragungen gemessenen Themenrelevanz tatsächlich ein Zusammenhang besteht (Scharkow/Vogelgesang 2011). Zweitens finden Studien, die Medieninhaltsanalysen mit Suchmaschinen-Rankings als Indikatoren für die Publikumsagenda kombinieren, zum Teil auch erhebliche Agenda-Setting-Effekte (z.B. Mellon 2013). Allerdings haben Maurer und Holbach (2016) zuletzt darauf hingewiesen, dass das Suchen von Begriffen im Internet ein hohes Informationsbedürfnis voraussetzt. Daraus folgt, dass zwar ein hohes Suchaufkommen ein guter Indikator für eine hohe Themenrelevanz in der Bevölkerung ist. Ein geringes Suchaufkommen muss jedoch nicht zwingend eine geringe Themenrelevanz bedeuten. Möglicherweise fühlen sich die Rezipienten in Bezug auf dieses Thema auch so gut informiert, dass sie keine weiteren Informationen suchen, obwohl sie das Thema weiterhin für relevant halten. Dies spricht dafür, dass das Online-Suchverhalten nur bei solchen Themen ein zuverlässiger Indikator für die Publikumsagenda ist, bei denen in der Bevölkerung große Ungewissheit herrscht. Ein zweiter Kritikpunkt an diesen

Analysen ist, dass die Daten zum Online-Suchverhalten nur in aggregierter Form vorliegen, sodass die Studien grundsätzlich auf bestimmte Untersuchungsdesigns festgelegt sind. Mit den verschiedenen Untersuchungsdesigns in der Agenda-Setting-Forschung beschäftigt sich der folgende Abschnitt.

Untersuchungsdesigns: Die Verknüpfung von Medien- und Publikumsagenda

Nachdem Medien- und Publikumsagenda erhoben wurden, müssen beide miteinander in Beziehung gesetzt werden, um die Annahme eines Einflusses der Medien- auf die Publikumsagenda zu prüfen. Dabei stehen vor allem zwei methodische Entscheidungen im Vordergrund: die Entscheidung zwischen Quer- und Längsschnittdesigns und die Entscheidung zwischen Aggregat- und Individualdatenanalysen.

Methodische Entscheidungen

1) Querschnitt- vs. Längsschnittdesign

McCombs und Shaw (1972) sowie viele weitere frühe Studien zum Agenda-Setting-Effekt verwenden ein einfaches *Querschnittdesign*: Sie ermitteln die Medienagenda und die Bevölkerungsagenda an einem Zeitpunkt und korrelieren die beiden miteinander. Da beide als Rangreihen vorliegen, verwenden sie einen einfachen Rangkorrelationskoeffizienten. Er berechnet, wie ähnlich sich die beiden Rangreihen sind und kann theoretisch zwischen -1 und +1 liegen. Dies soll an einem fiktiven Beispiel verdeutlicht werden, das in Tabelle 1 zu sehen ist. In diesem Beispiel berichten die Massenmedien am häufigsten über Umweltpolitik (Rangplatz 1), am zweithäufigsten über Wirtschaftspolitik usw. Die Bevölkerung hält ebenfalls Umweltpolitik für das wichtigste Thema, Wirtschaftspolitik für das zweitwichtigste usw. In diesem Beispiel stimmen beide Rangreihen also genau überein, der Korrelationskoeffizient beträgt +1. Wären beide Rangreihen exakt gegensätzlich, wäre der Koeffizient -1, ein perfekter negativer Zusammenhang. Gibt es überhaupt keinen Zusammenhang, wäre der Koeffizient 0.

Querschnittdesign

Diese Extrembeispiele kommen in der Realität natürlich kaum vor. Viele Querschnittstudien finden aber Zusammenhänge zwischen den beiden Agenden, die nahe +1 liegen. Sie würden in unserem Beispiel etwa entstehen, wenn es zu minimalen Abweichungen in den Rangreihen käme, z.B. wenn die Rezipienten das Thema Renten für etwas wichtiger hielten als das Thema Außenpolitik, obwohl es in den Medien umgekehrt ist.

Verfahren

Tabelle 1: Einfaches Querschnittdesign (Rangkorrelation)

Thema	Medienagenda Häufigkeit der Thematisierung in den Medien (Rangplatz)	Publikumsagenda Themenrelevanz in der Bevölkerung (Rangplatz)
Umwelt	1	1
Wirtschaft	2	2
Kriminalität	3	3
Außenpolitik	4	4
Renten	5	5

Kausalitätsproblematik

Diese starken Zusammenhänge wurden in den frühen Studien als Einflüsse der Medien- auf die Publikumsagenda interpretiert, obwohl diese Interpretation keinesfalls zwingend ist. Es wurde bereits darauf hingewiesen, dass eine solche Kausalannahme nur zulässig ist, wenn die angenommene Ursache zeitlich vor der angenommenen Wirkung liegt. Bei Querschnittstudien werden Medien- und Bevölkerungsagenda aber zur selben Zeit erhoben. Theoretisch ist deshalb genauso denkbar, dass die Publikumsagenda die Medienagenda beeinflusst: Die Massenmedien greifen demnach die Probleme, die die Menschen momentan beschäftigen, auf und berichten darüber.

Längsschnittdesign

Das Kausalproblem kann man in Querschnittstudien zwar dadurch etwas abmildern, dass man die Bevölkerungsagenda erst am Ende des Inhaltsanalysezeitraums erhebt. Um zuverlässig zu ermitteln, wie sich Medien- und Bevölkerungsagenda gegenseitig beeinflussen, müssen beide allerdings an mindestens zwei Zeitpunkten erhoben und miteinander verglichen werden. In solchen Fällen spricht man von einem *Längsschnittdesign*. Das einfachste Längsschnittdesign ist die sogenannte zeitversetzte Kreuzkorrelation (cross-lagged correlation). Die Logik, die dahintersteckt, soll wiederum anhand eines einfachen Beispiels erläutert werden (Schaubild 3):

In diesem Beispiel wurden die Medien- und die Publikumsagenda an zwei unterschiedlichen Zeitpunkten erhoben. Dies ermöglicht es zunächst, für beide Zeitpunkte dieselben zeitgleichen Korrelationen zu berechnen wie im Querschnittsdesign. Sie verraten allerdings nichts darüber, ob die Medienagenda Ursache oder Folge der Publikumsagenda ist. Zudem kann man berechnen, wie stabil die Medien- und die Bevölkerungsagenda jeweils sind. Dazu vergleicht man die Medienagenda am Zeitpunkt 1 mit der Medienagenda am Zeitpunkt 2 bzw. die

Publikumsagenda am Zeitpunkt 1 mit der Publikumsagenda am Zeitpunkt 2. Entscheidend sind allerdings die beiden Korrelationen, die in Schaubild 3 durch fett gedruckte Pfeile gekennzeichnet sind. Pfeil A zeigt den Einfluss der Medienagenda zum Zeitpunkt 1 auf die Publikumsagenda zum Zeitpunkt 2. Pfeil B zeigt den umgekehrten Einfluss. Ein klassischer Agenda-Setting-Effekt liegt vor, wenn der Einfluss der Medienagenda zum Zeitpunkt 1 auf die Publikumsagenda zum Zeitpunkt 2 (Korrelation A) größer ist als der Einfluss der Publikumsagenda zum Zeitpunkt 1 auf die Medienagenda zum Zeitpunkt 2 (Korrelation B). Zugleich sollte er auch größer sein als die zeitgleichen Korrelationen an den beiden Zeitpunkten.

Verfahren

Schaubild 3: Einfaches Längsschnittdesign (zeitversetzte Kreuzkorrelation)

Zeitpunkt 1	Zeitpunkt 2
Medienagenda	→ Medienagenda
(B, A kreuzweise)	
Publikumsagenda	→ Publikumsagenda

Eine wichtige Frage bei dieser Untersuchungslogik ist, welche Abstände zwischen den Erhebungszeitpunkten gewählt werden sollen. Einen Hinweis hierauf geben Längsschnittanalysen mit deutlich mehr als zwei Messzeitpunkten, die man auch als *Zeitreihenanalysen* bezeichnen kann. Für Zeitreihenanalysen müssen Informationen über die Medien- und die Publikumsagenda zu möglichst vielen Zeitpunkten mit gleichmäßigen Abständen vorliegen, also z.B. auf Tages-, Wochen-, Monats- oder Jahresbasis. Die Analyselogik entspricht der zeitversetzter Kreuzkorrelationen, sodass sich zum einen ermitteln lässt, ob Veränderungen in der Medienagenda Veränderungen in der Publikumsagenda zeitlich voraus- oder hinterherlaufen. Da die vielen Messpunkte so lange gegeneinander verschoben werden können, bis sich der größtmögliche Zusammenhang zwischen den beiden Zeitreihen ergibt, lässt sich theoretisch aber auch ermitteln, mit welchem Abstand die Medienagenda der Publikumsagenda voraus läuft. Hierfür stehen mittler-

Zeitreihenanalysen

weile komplexe statistische Verfahren zur Verfügung, die es beispielsweise ermöglichen, unterschiedliche Wirkungsmodelle für unterschiedliche Themenkarrieren empirisch zu testen (Kapitel 4 und 5).

2) Aggregat- vs. Individualdatenanalysen

<small>Aggregatdatenanalysen</small>

Bei den bislang präsentierten Untersuchungsdesigns handelt es sich um sogenannte Aggregatdatenanalysen. Aufseiten der Medieninhalte spricht man von Aggregatdaten, weil die Themengewichtungen aller untersuchten Medien zu *einer* Medienagenda zusammengefasst werden, obwohl sich die Themengewichtungen der einzelnen Medien aller Wahrscheinlichkeit nach voneinander unterscheiden. Aufseiten des Publikums liegen ebenfalls Aggregatdaten vor, weil die individuellen Themenprioritäten der einzelnen Befragten zu *einer* Publikumsagenda zusammengefasst werden, obwohl sich auch die Themenprioritäten der Befragten aller Wahrscheinlichkeit nach voneinander unterscheiden. Schließlich werden beide aggregierten Datenreihen miteinander korreliert, obwohl die unterschiedlichen Befragten ganz unterschiedliche Medien nutzen.

Aggregatdatenanalysen ermitteln den Zusammenhang zwischen der medialen Themengewichtung und dem Problembewusstsein innerhalb einer Gesellschaft. Sie sagen aber nichts darüber, ob und wie einzelne Menschen anhand der von ihnen genutzten Medieninhalte ein individuelles Problembewusstsein entwickeln, obwohl dies prinzipiell die Voraussetzung für einen gesellschaftlichen Agenda-Setting-Effekt wäre. Würde man dies aus den Aggregatdaten schließen, bestünde die Gefahr eines sogenannten ökologischen Fehlschlusses, dem fälschlichen Schluss von der Aggregat- auf die Individualebene.

Begriffe

Ökologischer Fehlschluss: Ein ökologischer Fehlschluss liegt vor, wenn Zusammenhänge auf der Aggregatebene fälschlicherweise so interpretiert werden wie Zusammenhänge auf der Individualebene. So kann man beispielsweise aus der Tatsache, dass die SPD in Wahlkreisen mit hohem Arbeiteranteil mehr Wählerstimmen erhält als in Wahlkreisen mit niedrigem Arbeiteranteil, noch nicht schließen, dass die SPD überwiegend von Arbeitern gewählt wird. Hierzu müssen vielmehr individuelle Zusammenhänge zwischen dem beruflichen Status der einzelnen Wähler (Arbeiter oder nicht Arbeiter) und ihrem Wahlverhalten (SPD oder nicht SPD) ermittelt werden.

Hinzu kommt, dass Aggregatdatenanalysen relativ ungenau sind: Sie berücksichtigen weder die individuelle Mediennutzung der Rezipienten, noch deren Persönlichkeitsmerkmale, Lebensumstände, interpersonale Kontakte, Informationsverarbeitungsstrategien usw., die die individuelle Stärke des Agenda-Setting-Effekts beeinflussen (siehe Kapitel 4). Selbst Aggregatdatenanalysen mit vielen Messzeitpunkten erlauben folglich nur eingeschränkte Kausalaussagen, weil nicht ausgeschlossen werden kann, dass die Einflüsse der Medien- auf die Publikumsagenda vollständig oder zum Teil durch Drittvariablen verursacht werden.

In jüngster Zeit werden Agenda-Setting-Studien deshalb zumindest gelegentlich auch als Individualdatenanalysen durchgeführt. Hierzu werden die unterschiedlichen Themenagenden einer Vielzahl von Medien getrennt voneinander erhoben. Die Rezipienten werden dann erstens nach ihren individuellen Themenprioritäten und zweitens nach ihrer Mediennutzung gefragt. Dazu wird die Nutzungshäufigkeit aller Medien, die in der Inhaltsanalyse erfasst wurden, detailliert erhoben. Da die Häufigkeit der Berichterstattung über die einzelnen Themen in den verschiedenen Medien und die Mediennutzung jedes Befragten relativ exakt bekannt ist, kann durch die Kombination der Inhaltsanalyse- mit den Befragungsdaten ermittelt werden, wie viele Medienbeiträge jeder Befragte zu den verschiedenen Themen ungefähr rezipiert hat (individuell wahrgenommene Medienagenda).

Individualdatenanalysen

Die individuell wahrgenommene Medienagenda wird wiederum mit den individuellen Themenprioritäten des Befragten in Beziehung gesetzt (individuelle Rezipientenagenda). Im Idealfall liegen auch hier mindestens zwei Messzeitpunkte vor, sodass die individuellen Veränderungen der Rezipientenagenden durch die Veränderungen der Themenagenden der jeweils genutzten Medien erklärt werden können. Die statistischen Verfahren unterscheiden sich dabei prinzipiell kaum von denjenigen, die auf der Aggregatebene angewandt werden. Allerdings können zugleich Drittvariablen kontrolliert werden.

Auch diese Vorgehensweise ist allerdings mit gewissen Ungenauigkeiten verbunden: Zum einen wird es nicht gelingen, sämtliche von den einzelnen Rezipienten genutzten Medien in die Untersuchung einzubeziehen. Insbesondere bei landesweiten Repräsentativbefragungen mit mehreren hundert oder tausend Befragten verfügen die Rezipienten zusammengenommen über ein kaum überschaubares Medienrepertoire aus Tageszeitungen, Magazinen, Fernseh- und Radiosendungen sowie Internetinhalten, das weder in den Befragungen vollständig abgefragt, noch in den Inhaltsanalysen vollständig untersucht werden kann.

Zum anderen kann die Menge der zu einem Thema tatsächlich rezipierten Beiträge anhand der Angaben der Befragten über die von ihnen genutzten Medien bestenfalls grob geschätzt werden. Auch aus der Fusion von Inhaltsanalyse- und Befragungsdaten auf der Individualebene resultiert folglich nur ein Näherungswert für die tatsächlich individuell wahrgenommene Medienagenda. Weil die Analysen zudem ausgesprochen aufwändig sind, werden die meisten Agenda-Setting-Studien auch heute noch als Aggregatdatenanalysen durchgeführt. Welche Auswirkungen dies auf die Befunde der Studien hat, soll in den Kapiteln 4 und 5 aufgezeigt werden.

3) Experimentelle Designs

Vor- und Nachteile von Experimenten

Im Grunde können Kausalannahmen am ehesten mit Laborexperimenten untersucht werden, in denen unterschiedlichen Versuchspersonen unterschiedliche Medieninhalte präsentiert werden. Die Medieninhalte unterscheiden sich jeweils nur in einem einzigen Merkmal, alle übrigen Einflussfaktoren werden konstant gehalten oder als Störvariablen ausgeschaltet. Unterscheiden sich die Probanden, die einen bestimmten Stimulus rezipiert haben, in der abhängigen Variable oder im Ausmaß ihrer Veränderung von denjenigen, die einen anderen oder gar keinen Stimulus rezipiert haben, wird dies als Medienwirkung interpretiert. Kontrollierte Laborexperimente messen folglich den unmittelbaren, kurzfristigen Einfluss einzelner Medieninhalte auf einzelne Rezipienten. Es handelt sich also um Individualdatenanalysen, bei denen zudem alle relevanten Drittvariablen ausgeschaltet sind.

Dennoch sind bislang nur wenige Agenda-Setting-Studien mit experimentellen Designs durchgeführt worden. Dies kann man – neben den üblichen Einwänden gegen experimentelle Forschung wie deren Künstlichkeit und Kurzfristigkeit – vor allem damit erklären, dass es sehr schwierig ist, Medienagenden experimentell zu simulieren. Hierfür genügt es offenkundig nicht, den Probanden einzelne Medienbeiträge zu unterschiedlichen Themen vorzulegen. Vielmehr müssen sie über längere Zeiträume mit einer Vielzahl von Beiträgen zu unterschiedlichen Themen konfrontiert werden, um die Medienagenda halbwegs realitätsgerecht zu simulieren.

Eine Lösung für dieses Problem sind Langzeitexperimente, an denen die Probanden über mehrere Tage oder Wochen teilnehmen und in regelmäßigen Abständen mit künstlich variierten Medienstimuli konfrontiert werden. Im ersten Experiment dieser Art zeigten Iyengar und Kinder (1987) mehreren Gruppen von Probanden über längere Zeiträume manipulierte Fernsehnachrichtensendungen, in denen Beiträge über einzelne Themen überproportional platziert wurden. Die Frage

3. Forschungslogik der Methode

war dann, ob diejenigen, die beispielsweise Nachrichtensendungen mit besonders vielen Beiträgen über Arbeitslosigkeit gesehen hatten, Arbeitslosigkeit auch für das wichtigste Thema hielten (siehe ausführlicher auch Kapitel 6).

Der Aufwand für solche Studien ist freilich groß. Zudem muss ausgeschlossen sein, dass die Probanden in der Zwischenzeit auch reguläre Nachrichtensendungen sehen, weil sich selbstverständlich auch diese in ihrer persönlichen Agenda niederschlagen würden. Darum kann man sie zwar bitten, ob sie sich daran halten, kann man aber kaum überprüfen. Experimentelle Designs eignen sich für die Agenda-Setting-Forschung folglich deutlich weniger gut als zur Überprüfung anderer Medienwirkungstheorien.

Eine Abschlussbemerkung zur Forschungslogik

Der Agenda-Setting-Ansatz kann prinzipiell mit unterschiedlichen methodischen Zugängen untersucht werden. Allerdings muss man sich darüber bewusst sein, dass mit unterschiedlichen Zugängen meist auch (implizit) unterschiedliche Annahmen über die Art und Weise, wie Medienwirkungen entstehen, verbunden sind. So untersuchen beispielsweise Querschnittstudien Einflüsse auf die Publikumsagenda, Längsschnittstudien aber Einflüsse auf Veränderungen der Publikumsagenda. Man kann folglich annehmen, dass sich die Befunde von Quer- und Längsschnittstudien voneinander unterscheiden. Experimente untersuchen kurzfristige Agenda-Setting-Effekte unter kontrollierten Bedingungen, Feldstudien längerfristige Agenda-Setting-Effekte unter realitätsnahen Bedingungen. Auch ihre Ergebnisse werden sich folglich unterscheiden.

Wahl des Untersuchungsdesigns

Individualdatenanalysen untersuchen die Wirkungen der individuell genutzten Medieninhalte auf die individuellen Rezipientenagenden. Sie gehen folglich implizit davon aus, dass unterschiedliche Medien unterschiedliche Themenagenden haben, Rezipienten vor allem die Themen für wichtig halten, über die die von ihnen selbst genutzten Medien häufig berichten, und betrachten Medienwirkungen demnach als direkte Einflüsse der genutzten Medieninhalte auf die Rezipienten. Aggregatanalysen betrachten den Agenda-Setting-Effekt dagegen als gesellschaftliche Medienwirkung. Sie gehen implizit davon aus, dass sich die Agenden der unterschiedlichen Medien sehr ähnlich sind und die Rezipienten folglich alle mehr oder weniger dieselben Themen für wichtig halten. Die gesellschaftlichen Agenda-Setting-Effekte sind demnach mehr als nur die Summe aller individuellen Effekte. Auch diejenigen, die sich nicht aus den Massenmedien informieren, kommen durch interpersonale Kommunikation mit Mediennutzern indirekt mit der Medienagenda in Kontakt und passen ihre Vorstellungen von der Wichtigkeit verschiedener Themen an sie an. Aggregatanalysen betrachten diese vermittelten Effekte zumindest implizit ebenfalls als Medienwirkungen, weil sie die Übereinstimmung zwischen der Medien- und der Publikumsagenda weiter vergrößern (siehe hierzu auch Rössler 1997: 388ff.; Maurer 2004). Auch die Befunde von Individual- und Aggregatdatenanalysen werden sich folglich unterscheiden, weil vollkommen andere Sachverhalte untersucht werden.

Diese Frage wird in den Kapiteln 4 und 5 noch einmal ausführlicher diskutiert werden. Hier soll sich zunächst mit der allgemeinen Feststellung begnügt werden, dass der Agenda-Setting-Effekt auch in Zukunft auf unterschiedliche Arten untersucht werden muss. Er kann dann als belegt gelten, wenn er sich in allen möglichen Untersuchungsdesigns als robust erweist (Kumulation von Evidenzen).

4. Empirische Befunde

In diesem Kapitel sollen die Befunde der Agenda-Setting-Forschung diskutiert werden. Dabei geht es zunächst um die Befunde zum Auftreten und der Stärke des Effekts sowie zum Einfluss von Randbedingungen (Phasen 1 und 2 der Agenda-Setting-Forschung; Kapitel 2). Die Weiterentwicklung des Ansatzes, verwandte Ansätze sowie die dazugehörigen Befunde werden in den Kapiteln 5 und 6 diskutiert.

Auftreten und Stärke des Effekts

Wie eine Meta-Analyse von 90 Agenda-Setting-Studien, die zwischen 1972 und 1996 veröffentlicht wurden, zeigt (Wanta/Ghanem 2007), sind die Zusammenhänge zwischen Medien- und Publikumsagenda in den verschiedenen Studien im Schnitt außerordentlich hoch (durchschnittlicher Korrelationskoeffizient: .53; zur Berechnung siehe Kapitel 3). Alles in allem kann man dies als eindrucksvollen Beleg für die Existenz von Agenda-Setting-Effekten betrachten. Allerdings unterscheiden sich die Befunde der einzelnen Studien zum Teil deutlich voneinander: Während einige Studien nahezu perfekte Zusammenhänge ermitteln, finden andere nur schwache oder gar keine.

_{Durchschnittliche Stärke der Agenda-Setting-Effekte}

Dies kann man vermutlich vor allem mit unterschiedlichen theoretischen und methodischen Zugängen erklären. Deshalb soll die Agenda-Setting-Forschung an dieser Stelle zunächst etwas systematisiert werden. Dazu wird auf zwei Unterscheidungen zurückgegriffen, die bereits in vorangegangenen Kapiteln eingeführt wurden. Zum einen geht es dabei um die Unterscheidung der *theoretischen Agenda-Setting-Modelle*, die in Kapitel 1 diskutiert wurden. Dort wurden drei Modelle unterschieden: 1.) das Aufmerksamkeitsmodell, das für die empirische Forschung weitgehend irrelevant ist und deshalb im Folgenden vernachlässigt wird, 2.) das Thematisierungsmodell, das besagt, dass einzelne Themen, über die die Medien verstärkt berichten, von der Bevölkerung für wichtig gehalten werden, und 3.) das Themenstrukturierungsmodell, das besagt, dass sich die Medienagenda in der Bevölkerungsagenda weitgehend exakt widerspiegelt.

Klassifikation der Agenda-Setting-Forschung

Zum anderen geht es dabei um die Unterscheidung der *Analysemodelle* bzw. methodischen Zugänge, die in Kapitel 3 diskutiert wurden. Hier wurde zwischen Aggregatdatenanalysen, die den Einfluss einer aggregierten Medienagenda auf eine aggregierte Bevölkerungsagenda untersuchen (gesellschaftlicher Agenda-Setting-Effekt), und Individualdatenanalysen, die den Einfluss der individuell wahrgenommenen Medienagenda auf einzelne Rezipienten untersuchen (individueller Agenda-Setting-Effekt), unterschieden.

Untersuchungstypen

Kombiniert man die beiden Unterscheidungen, resultiert daraus eine Vier-Felder-Matrix zur Typologisierung der Agenda-Setting-Forschung, bekannt auch als die sogenannte Acapulco-Typologie, die von McCombs, Danielian und Wanta (1995) entwickelt und von Rössler (1997) übertragen und leicht modifiziert wurde. Die vier Untersuchungstypen kann man als Themenstruktur-Aggregatanalysen (mass persuasion studies), Themenstruktur-Individualanalysen (automaton studies), Einzelthemen-Aggregatanalysen (natural history studies) und Einzelthemen-Individualanalysen (cognitive portrait studies) bezeichnen (Schaubild 4).

Schaubild 4: Typologie der Agenda-Setting-Forschung

Theoretisches Modell	Analysemodell	
	Aggregat-datenanalyse	Individualdaten-analyse
Themenstrukturierungs-Modell (Priorities) *Themenagenda, Themenstruktur*	I Themenstruktur-Aggregatanalysen	II Themenstruktur-Individualanalysen
Thematisierungs-Modell (Salience) *Einzelthema*	III Einzelthemen-Aggregatanalysen	IV Einzelthemen-Individualanalysen

Im Folgenden sollen die Befunde zum Auftreten des Agenda-Setting-Effekts anhand dieser Vier-Felder-Logik diskutiert werden. Dabei geht es um die Frage, ob sich Agenda-Setting-Effekte mit allen vier Typen von Studien gleichermaßen nachweisen lassen bzw. welchen Effekt das Untersuchungsdesign auf die Befunde von Agenda-Setting-Studien hat.

1) Themenstruktur-Aggregatanalysen

Untersuchte Annahme: *„Themen, über die die Massenmedien häufig berichten, werden von mehr Rezipienten für wichtig gehalten, als Themen, über die die Massenmedien seltener berichten."*

Bei Themenstruktur-Aggregatanalysen wird die Berichterstattung über unterschiedliche Themen in ausgewählten Massenmedien erfasst. Zugleich wird eine Stichprobe von Rezipienten nach ihrer Einschätzung der Wichtigkeit der Themen gefragt. Schließlich werden beide in Rangreihen gebracht und die Rangreihen miteinander verglichen. Die meisten frühen Agenda-Setting-Studien sind Themenstruktur-Aggregatanalysen. Das kann man einerseits darauf zurückführen, dass solche Untersuchungen vergleichsweise einfach durchzuführen sind. Zum anderen mag es auch daran liegen, dass sich die frühen Studien mehr-

Schlüsselstudien

Maxwell McCombs/Donald Shaw (1972): The Agenda-Setting Function of the Mass Media

McCombs und Shaw befragten im Rahmen des amerikanischen Präsidentschaftswahlkampfs im September und Oktober 1968 in der Universitätsstadt Chapel Hill in North Carolina 100 noch unentschlossene Wähler unter anderem danach, welche zwei bis drei Themen sie aktuell besonders beschäftigten. Die Themennennungen der Befragten wurden anschließend in eine Rangfolge gebracht, beginnend mit dem am häufigsten genannten Thema. Zugleich führten sie eine Inhaltsanalyse der Medien durch, die in Chapel Hill von den meisten Wählern genutzt wurden, um sich über Politik zu informieren: vier Lokalzeitungen, zwei Nachrichtenmagazine und die Abendnachrichten der beiden Fernsehsender CBS und NBC. Sie begannen die Inhaltsanalyse etwa eine Woche vor der Befragung und beendeten sie am letzten Befragungstag. Erfasst wurde, welche Themen im Mittelpunkt der Berichterstattung standen. Die erfassten Themen wurden schließlich zu 15 Themengruppen zusammengefasst: darunter fünf politische Sachthemen (issues) – in der Reihenfolge der Häufigkeit ihrer Thematisierung: Außenpolitik, Innere Sicherheit, Steuerpolitik, Sozialpolitik und Bürgerrechte. Unterschieden wurden dabei auch besonders lange (major items) und eher kurze (minor items) Medienbeiträge über die verschiedenen Themen. Schließlich verglichen McCombs und Shaw für die fünf untersuchten Sachthemen die Rangreihe der Medienagenda mit der Rangreihe der Bevölkerungsagenda mithilfe einfacher Rangkorrelationskoeffizienten und stellten eine nahezu perfekte Übereinstimmung fest. Dies galt unabhängig davon, ob die längeren oder die kürzeren Medienbeiträge betrachtet wurden.

Zusätzlich führten die Autoren weitere Analysen durch, um die Befunde abzusichern. Sie ergaben, dass sich die Themenagenden der verschiedenen Medien überwiegend sehr ähnlich waren und auch unabhängig voneinander stark mit der Publikumsagenda korrelierten, sowie dass die Parteibindung der Wähler keinen Einfluss auf den Agenda-Setting-Effekt hatte. Dabei sprechen die Befunde zur Konsonanz der Medieninhalte dafür, dass Aggregatdatenanalysen hier möglich und sinnvoll sind. Die Befunde zum fehlenden Einfluss der Parteibindung sprechen dafür, dass selektive Wahrnehmung im Agenda-Setting-Prozess keine Rolle spielt.

heitlich an McCombs und Shaws Pionierstudie orientierten, die ebenso vorging.

Kritik McCombs und Shaw fanden in ihrer Studie nahezu perfekte Übereinstimmungen zwischen der Medien- und der Publikumsagenda, wie sie in dieser Höhe selten zu finden sind. Diese Tatsache mag allerdings auch darauf zurückzuführen sein, dass ihre Studie eine Reihe methodischer Mängel aufwies: Mit nur 100 Befragten war sie sicher nicht repräsentativ. Bei nur fünf berücksichtigten und zudem sehr allgemein gefassten Themen ist die Wahrscheinlichkeit einer exakten Übereinstimmung zudem recht groß. Vor allem aber kann der Zusammenhang zwischen Medien- und Publikumsagenda nicht als Ursache-Wirkungs-Beziehung interpretiert werden, weil relevante Drittvariablen nicht kontrolliert und Medien- und Publikumsagenda zur selben Zeit erhoben wurden. Es ist folglich auch möglich, dass die Publikumsagenda die Medienagenda beeinflusst oder zwischen beiden gar keine Ursache-Wirkungs-Beziehung besteht, weil die Zusammenhänge von dritten Variablen verursacht werden.

Nachfolgestudien McCombs und Shaw diskutierten die meisten dieser Kritikpunkte in ihrer Studie selbst und führten bereits parallel zu ihrem Erscheinen eine weitere Studie durch, in der diese Mängel größtenteils behoben werden sollten (Shaw & McCombs 1977). Im Verlauf der nächsten Präsidentschaftswahlen 1972 befragten sie 227 Wähler aus Charlotte in North Carolina drei Mal danach, welche Themen ihnen besonders wichtig sind (Panel-Analyse). Zugleich führten sie zu den drei Zeitpunkten jeweils Inhaltsanalysen der lokalen Tageszeitung und der Fernsehnachrichten durch. Die Daten wurden mithilfe von zeitversetzten Kreuzkorrelationen (siehe Kapitel 3) untersucht. Sie zeigen, dass Agenda-Setting-Effekte erst nach und nach im Verlauf des Wahlkampfs auftraten. Dabei war der Einfluss der Agenda der Lokalzeitung zu Beginn des Wahlkampfs auf die Publikumsagenda am Ende des Wahlkampfs deutlich größer als der umgekehrte Einfluss. Dies spricht für einen Agenda-Setting-Effekt der Presse. Allerdings verhielt es sich bei den Fernsehnachrichten genau umgekehrt: Die Agenda der Fernsehsender schien sich dem Problembewusstsein der Bevölkerung anzupassen.

Auch weitere Nachfolgestudien, die ähnlich angelegt waren, kamen zu ambivalenten Ergebnissen. Panel-Studien sprechen folglich dafür, dass sowohl klassische Agenda-Setting-Effekte auftreten, als auch umgekehrte Effekte (zusammenfassend Wanta 1992). Ab Ende der 1980er-Jahre wurden Themenstruktur-Aggregatanalysen dann zunehmend von Einzelthemen-Aggregatanalysen abgelöst, die die Zeitstruktur der Einflüsse der Medienagenda auf die Publikumsagenda anhand einzelner Themen mithilfe komplexer zeitreihenanalytischer Verfahren wesentlich detaillierter ermitteln können.

2) Themenstruktur-Individualanalysen

Untersuchte Annahme: *„Rezipienten halten Themen, über die sie aus den Massenmedien viele Informationen erhalten, für wichtiger als Themen, über die sie weniger Informationen erhalten."*

Bei Themenstruktur-Individualanalysen wird untersucht, ob die Themenagenda einzelner Rezipienten der Agenda der von ihnen selbst genutzten Medien entspricht. Sie sind folglich der härteste Test für die Agenda-Setting-Hypothese. Tatsächlich wurden bislang aber nur sehr wenige Themenstruktur-Individualanalysen durchgeführt.

Eine erste Annäherung an dieses Untersuchungsdesign haben McLeod, Becker und Byrnes (1974) versucht. Sie führten im amerikanischen Präsidentschaftswahlkampf 1972 eine Inhaltsanalyse einer liberalen und einer konservativen Lokalzeitung in Madison, Wisconsin durch und zeigten, dass beide zumindest tendenziell unterschiedliche Themenagenden aufwiesen. Anschließend befragten sie rund 400 Wähler nach ihren individuellen Themenagenden und danach, welche der beiden Zeitungen sie lasen. Wie vermutet, stimmte die Agenda der Leser der liberalen Zeitung eher mit der Agenda der liberalen Zeitung überein als mit der der konservativen und umgekehrt. Die Effekte waren verglichen mit den starken Effekten, die in Aggregatanalysen festgestellt wurden, jedoch verschwindend gering. Allerdings handelt es sich bei dieser, wie auch bei ähnlich angelegten Nachfolgestudien, um eine relativ einfache Form von Themenstruktur-Individualanalysen. Sie vernachlässigen den größten Teil der genutzten Medieninhalte, indem sie sich auf wenige Zeitungen konzentrieren, und lassen Inhaltsanalyse- und Befragungsdaten unverbunden nebeneinander stehen.

Frühe Studien

Vermutlich wegen des vergleichsweise geringen Ertrages wurden ab Ende der 1970er-Jahre lange keine Versuche mehr unternommen, Themenstruktur-Individualanalysen durchzuführen. Erst Mitte der 1990er-Jahre griff Rössler (1997) diese Idee wieder auf und führte die erste methodisch überzeugende Themenstruktur-Individualanalyse durch, indem er Medieninhaltsanalyse- und Befragungsdaten auf Basis individueller Rezipienten miteinander verknüpfte (siehe Kapitel 3). Allerdings zeigen auch seine Daten nur geringe Einflüsse der individuell genutzten Medieninhalte auf die individuelle Themenagenda der Rezipienten. Diese Studie und weitere Individualdatenanalysen sollen als Weiterentwicklung des Agenda-Setting-Ansatzes in Kapitel 5 ausführlicher diskutiert werden.

3) Einzelthemen-Aggregatanalysen

Untersuchte Annahme: *„Ein Thema wird von umso mehr Rezipienten für wichtig gehalten, je häufiger die Medien über es berichten."*

Bei Einzelthemen-Aggregatanalysen geht es um die Frage, ob die Menge der Medienberichterstattung über ein einzelnes Thema seine Relevanz auf der Publikumsagenda beeinflusst. Die Stärke des Agenda-Setting-Effekts errechnet sich folglich nicht wie bei Themenstrukturanalysen durch die Übereinstimmung zweier Rangreihen, sondern durch die übereinstimmende Entwicklung der Wichtigkeit eines Themas auf der Medien- und der Publikumsagenda über einen längeren Zeitraum. Einzelthemen-Aggregatanalysen sind folglich immer Längsschnittanalysen. Bereits Funkhousers (1973) Pionierstudie ist eine solche Längsschnittanalyse. Sie vergleicht die Entwicklung der Häufigkeit der Medienberichterstattung über die wichtigsten Probleme der 1960er-Jahre mit der Entwicklung der Relevanzeinschätzung der Bevölkerung.

Schlüsselstudien

G. Ray Funkhouser (1973): The Issues of the Sixties

Funkhouser untersuchte den Einfluss der Medienberichterstattung auf die Einschätzung der Wichtigkeit von Themen im Verlauf der 1960er-Jahre. Er griff zur Analyse der Publikumsagenda auf Sekundärdaten des Meinungsforschungsinstituts Gallup zurück, das in dieser Zeit in jährlichen Repräsentativbefragungen erhoben hatte, welche Themen den Amerikanern besonders wichtig erschienen. Als Indikator für die Medienagenda wählte er die Häufigkeit der Berichterstattung in drei amerikanischen Nachrichtenmagazinen (*Time, Newsweek, U.S. News*), die er wiederum aus dem Reader's Guide to Periodical Literature entnahm, einem Nachschlagewerk, in dem die Artikel der drei Magazine nach Schlagworten gesucht werden konnten. Diese Schlagworte fasste Funkhouser schließlich zu 14 Themenkategorien zusammen, die mit den Themenkategorien der Gallup-Befragungen vergleichbar waren. Darunter befanden sich abstrakte Themen wie „Wissenschaft und Gesellschaft", aber auch konkretere Themen wie Vietnamkrieg, Studentenunruhen und Umweltverschmutzung.

Im ersten Schritt verglich Funkhouser die Rangreihe der Medienberichterstattung mit der der Bevölkerungsansichten über die Wichtigkeit der Themen über die gesamten elf Jahre (1960–1970) und fand eine fast perfekte Übereinstimmung zwischen beiden (Querschnittanalyse). Im zweiten Schritt wies er für ausgewählte Themen die Entwicklung der Berichterstattungsmenge auf Jahresbasis aus und verglich sie mit der Entwicklung der Bevölkerungsanteile, die das Thema jeweils für wichtig hielten (Längsschnittanalyse). Auch wenn dieser Vergleich nicht über statistische Verfahren, sondern lediglich per Augenschein erfolgte, lässt sich zumindest tendenziell erkennen, dass Veränderungen der Berichterstattungsmenge auch zu Veränderungen in der Bevölkerungsmeinung führten.

Im dritten Schritt untersuchte Funkhouser, ob die Massenmedien die Probleme entsprechend ihrer Bedeutung in der Realität wiedergaben. Dafür zog er, wo dies möglich war, medienexterne Realitätsindikatoren wie die Inflationsrate, die Kriminalitätsstatistik oder die Anzahl der US-Soldaten im Vietnamkrieg heran, um sie mit der Menge der Berichterstattung zu vergleichen. Seine Analysen zeigten, dass es zwischen der Medienberichterstattung und den externen Realitätsindikatoren keinerlei Zusammenhang gab. Die Medien griffen die Probleme folglich nicht dann auf, wenn sie objektiv betrachtet am wichtigsten waren. Die Rezipienten orientierten ihre Einschätzungen über die Wichtigkeit von Themen demnach an der Medienberichterstattung, obwohl diese die tatsächliche Relevanz der Probleme nicht adäquat wiedergab.

Ähnlich wie die Pionierstudie von McCombs und Shaw weist auch die von Funkhouser einige methodische Mängel auf. So muss man konstatieren, dass die Medienagenda durch die Analyse der Berichterstattung von drei Magazinen, die zudem nicht anhand der Originalbeiträge erfolgte, kaum adäquat erfasst werden kann. Auch die Verknüpfung von Inhaltsanalyse- und Befragungsdaten per Augenschein entspricht selbstverständlich nicht den heutigen Standards zur Analyse von Längsschnittdaten. Dennoch war Funkhouser seiner Zeit um einiges voraus. Erst im Verlauf der 1980er-Jahre wurde die Einzelthemen-Aggregatanalyse zu einem Standardinstrument der Agenda-Setting-Forschung.

Kritik

Das hatte im Wesentlichen drei Gründe: Erstens geriet zunehmend die Frage in den Blickpunkt, ob die Medienagenda die Bevölkerungsagenda tatsächlich stärker beeinflusst als umgekehrt. Dazu mussten Längsschnittstudien durchgeführt werden. Diese sind deutlich weniger aufwändig, wenn sie sich auf Einzelthemen konzentrieren. Zweitens beschäftigten sich in dieser Zeit immer mehr Studien mit der Frage, in welchen Zeitspannen Agenda-Setting-Effekte auftreten, wie lange es also dauert, bis die Medienberichterstattung ihre optimale Wirkung entfaltet und wie lange diese Wirkung anhält. Zur Beantwortung dieser

Frage waren deutlich mehr als die zwei oder drei Messzeitpunkte erforderlich, die in Themenstruktur-Analysen mit Längsschnittdesign bis dahin üblich waren. Drittens wurden Anfang der 1980er-Jahre neue Verfahren entwickelt, die die statistische Analyse von Zeitreihendaten ermöglichten und von da an Grundlage der meisten Themenstruktur-Aggregatanalysen in der Agenda-Setting-Forschung waren.

Zeitreihenstudien

Einzelthemen-Aggregatanalysen auf der Basis von Zeitreihen belegen in der Regel erhebliche Agenda-Setting-Effekte. So fand beispielsweise Gonzenbach (1992) bei einem Vergleich der Berichterstattung amerikanischer Medien über das Drogenproblem und der Relevanzeinschätzung des Drogenproblems in der amerikanischen Bevölkerung zwischen 1985 und 1990 (70 Messzeitpunkte auf Monatsbasis) kurzfristige Effekte der Medien- auf die Publikumsagenda. Langfristig ergaben sich aber auch Rückkopplungseffekte: Die Medien berichteten dann verstärkt über das Drogenproblem, weil es für die Bevölkerung wichtiger geworden war. Ähnliche Befunde liegen auch für Deutschland vor. So verglich z.B. Quiring (2004: 130ff.) die Häufigkeit der Fernsehberichterstattung über verschiedene Wirtschaftsthemen mit dem Problembewusstsein der deutschen Bevölkerung zwischen 1994 und 1998 (50 Messzeitpunkte auf Monatsbasis). Für einige Wirtschaftsthemen, beispielsweise Arbeitslosigkeit, Staatsverschuldung und Steuern, zeigten sich deutliche Einflüsse der Medien- auf die Publikumsagenda. Bei anderen Themen, beispielsweise Inflation und Wirtschaftswachstum, ließen sich dagegen keine Effekte feststellen.

Wirkungszeiträume

Viele Einzelthemen-Aggregatanalysen beschäftigen sich darüber hinaus auch mit der Frage nach dem zeitlichen Abstand zwischen der Berichterstattung und ihrer größten Wirkung. Dieser lässt sich empirisch in Zeitreihenanalysen relativ leicht bestimmen, indem die Messzeitpunkte so lange gegeneinander verschoben werden, bis der statistisch größte Zusammenhang festgestellt wird. Die Befunde sind allerdings stark davon abhängig, wie dicht die Messzeitpunkte beieinander liegen: Werden die Daten auf Monatsbasis erhoben, ergeben sich Verzugszeiten von wenigen Monaten (Stone/McCombs 1981). Werden sie wöchentlich erhoben, ergeben sich Verzugszeiten von wenigen Wochen (Kepplinger u.a. 1989; Gonzenbach 1992). Erfolgen die Messungen täglich, sind es wenige Tage (Krause/Gehrau 2007; Maurer/Holbach 2016). Einige Studien zeigen die größten Effekte auch bei zeitgleicher Betrachtung (Winter/Eyal 1983; Quiring 2004).

Alles in allem lässt sich eine optimale Zeitspanne folglich empirisch kaum bestimmen. Sie hängt zudem auch davon ab, welche Medien betrachtet werden (Wanta/Hu 1994), und ist von Thema zu Thema unterschiedlich. Kosicki (1993) kritisiert deshalb die Versuche, die optimale Wirkungsspanne statistisch zu ermitteln, und mahnt theoretisch fundierte Lösungen an. Wie diese aussehen könnten, ist allerdings nach wie vor unklar.

Die bislang diskutierten Einzelthemen-Aggregatanalysen nehmen, wie bereits zu Beginn dieses Abschnitts erläutert wurde, an, dass ein Thema für umso wichtiger gehalten wird, je häufiger die Medien darüber berichten. Sie unterstellen folglich zumindest implizit einen *linearen* Zusammenhang zwischen Medien- und Publikumsagenda. Diese Unterstellung ist jedoch keinesfalls zwingend und wurde deshalb ab Anfang der 1990er-Jahre zunehmend infrage gestellt. Diese Überlegungen sollen in Kapitel 5 ausführlicher diskutiert werden.

4) Einzelthemen-Individualanalysen

Untersuchte Annahme: *„Rezipienten halten ein Thema für umso wichtiger, je mehr Informationen sie darüber aus den Massenmedien erhalten."*

Bei Einzelthemen-Individualanalysen wird überprüft, ob die Rezipienten ein Thema für umso wichtiger halten, je häufiger die von ihnen selbst genutzten Medien über das Thema berichten. Die Idee der Einzelthemen-Individualanalyse geht zurück auf eine Studie von Erbring, Goldenberg und Miller (1980), die man insgesamt als wegweisend für die Analyse individueller Agenda-Setting-Effekte betrachten kann.

Schlüsselstudien

Lutz Erbring, Edie N. Goldenberg, Arthur H. Miller (1980): Front-Page News and Real-World Cues

Erbring und Kollegen untersuchten Agenda-Setting-Effekte im amerikanischen Präsidentschaftswahlkampf 1974. Dazu erfassten sie an zehn Tagen innerhalb der letzten drei Wochen vor der Wahl die Berichterstattung auf den Titelseiten von den 94 amerikanischen Tageszeitungen, die von einer nennenswerten Zahl von Befragten in ihrer landesweit repräsentativen Bevölkerungsstichprobe genutzt wurden. In den Analysen wiesen sie jedem Befragten die Themenagenda der von ihm genutzten Tageszeitung zu und verglichen sie mit seiner eigenen Themenagenda, die sie mithilfe der Gallup-Frage erhoben hatten. Erfasst wurden die sieben Themen, über die die Zeitungen am häufigsten berichtet hatten (Inflation, Arbeitslosigkeit, Verbrechen usw.). Im ersten Schritt korrelierten die Autoren für jedes Thema die individuell genutzte Menge an Beiträgen mit der individuellen Einschätzung der Wichtigkeit durch jeden Befragten („wichtig" vs. „nicht wichtig"). Die Befunde waren vergleichsweise ernüchternd: Nur bei einem der sieben Themen (Verbrechen) bestand überhaupt ein signifikanter Zusammenhang zwischen der individuell wahrgenommenen Medienagenda und der individuellen Rezipientenagenda. Dieser fiel zudem auch noch recht gering aus.

Im zweiten Schritt berechneten die Autoren multivariate Analysemodelle und führten dabei unter anderem auch Realitätsindikatoren ein, beispielsweise die Entwicklung der Arbeitslosigkeit oder der Verbrechensrate am Wohnort der Befragten. Dabei zeigte sich, dass diese zwar ebenfalls einen Beitrag zur Erklärung der individuellen Themenagenda leistete – beispielsweise betrachteten Befragte, die in Städten mit hoher Verbrechensrate lebten, Verbrechen eher als ein Problem. Ihr Erklärungsbeitrag war jedoch ähnlich gering wie der der Medienberichterstattung und minderte diesen nicht im Geringsten. Dies spricht dafür, dass die individuell genutzten Medieninhalte einen geringen, aber von der Ereignislage unabhängigen Einfluss auf die individuellen Themenagenden hatten.

Schließlich testeten die Autoren in diesen und nachfolgenden Analysen auch die Einflüsse von verschiedenen Rezipientenmerkmalen und der Häufigkeit der interpersonellen Kommunikation über den Wahlkampf. Besonders letztere beeinflusste die Stärke von individuellen Agenda-Setting-Effekten: Diese traten nur bei Befragten auf, die sich nicht mit anderen über die Wahl unterhalten hatten – vermutlich weil diese bei ihrer Urteilsbildung allein auf die Medienberichterstattung angewiesen waren.

Kritik

Die Studie von Erbring und anderen beschäftigt sich nur mit der Zeitungsnutzung, analysiert nur die Titelseiten der Zeitungen und dies auch nur an wenigen Tagen. Zudem handelt es sich um eine Querschnittstudie, die – wie bereits mehrfach deutlich gemacht wurde – Ursache-Wirkungs-Beziehungen nur unzureichend untersuchen kann. Dennoch gehört sie zu den herausragenden frühen Agenda-Setting-Studien. Ihr Verdienst besteht vor allem in der erstmals konsequent durchgeführten Integration von Inhaltsanalyse- und Befragungsdaten auf Basis individueller Rezipienten.

Nachfolgestudien

Aufgegriffen wurde diese Idee später vor allem in deutschen Agenda-Setting-Studien. Dabei kamen Hügel, Degenhardt und Weiss (1989) anhand von Daten aus dem Bundestagswahlkampf 1980 zu sehr ähnlichen Befunden. Auch neuere Einzelthemen-Individualanalysen, die mit Paneldesigns arbeiten und die Mediennutzung der Befragten weit umfassender erheben (Rössler 1997; Matthes 2008), zeigen – verglichen mit den starken Effekten auf Aggregatdatenbasis – nur geringe Agenda-Setting-Effekte. Dies soll als Weiterentwicklungen des Ansatzes in Kapitel 5 ausführlicher diskutiert werden.

Randbedingungen des Effekts

Bereits in den vorangegangenen Abschnitten ist gelegentlich deutlich geworden, dass die Stärke des Agenda-Setting-Effekts von einigen Randbedingungen beeinflusst wird. Diese Randbedingungen lassen sich entlang der Stufen des Kommunikationsprozesses systematisieren. Demnach wird die Wirkung kommunikativer Stimuli von Merkmalen des Kommunikators/Mediums, Merkmalen der Botschaft und Merkmalen der Rezipienten beeinflusst. Im folgenden Abschnitt sollen die wichtigsten dieser Merkmale und ihr Einfluss auf die Stärke des Agenda-Setting-Effekts diskutiert werden.

1) Merkmale des Mediums

Vor allem in den 1970er-und 1980er-Jahren haben sich viele Studien mit der Frage beschäftigt, ob die stärkeren Agenda-Setting-Effekte von der Presse oder vom Fernsehen ausgehen. Für eine stärkere Wirkung der Presse spricht dabei vor allem die Tatsache, dass Zeitungen von den Lesern länger und aufmerksamer rezipiert werden. Für eine stärkere Wirkung der Fernsehnachrichten spricht dagegen die Möglichkeit, die Aufmerksamkeit der Zuschauer zumindest kurzfristig mithilfe dramatischer Bilder zu erhöhen.

Die Untersuchungen zeigten zunächst relativ einheitlich stärkere Effekte der Presse. So stellten McClure und Patterson (1976) mithilfe einer dreiwelligen Panelbefragung fest, dass regelmäßige Zeitungsleser im Unterschied zu Nichtlesern im Verlauf eines Wahlkampfes ihre Agenda der Agenda der Tageszeitungen anpassen. Für Vielseher von Fernsehnachrichten galt dies dagegen nicht. Shaw und McCombs (1977) fanden in einer ähnlich angelegten Untersuchung ebenfalls einen deutlich erkennbaren Einfluss der Presse auf die Publikumsagenda, während die Agenda der Fernsehnachrichten der Publikumsagenda eher hinterherlief. In der Folgezeit wurde der Presse deshalb eine langfristige Agenda-Setting-Wirkung zugesprochen, während den Fernsehnachrichten ein *Scheinwerfereffekt* zugeschrieben wurde: Sie haben demnach allenfalls einen kurzfristigen Effekt auf die Rezipientenagenda, der sich zudem auf die wenigen Top-Themen beschränkt, die dort vermittelt werden.

Fernsehen und Printmedien im Vergleich

In jüngster Zeit sind die unterschiedlichen Wirkungen von Fernsehen und Presse kaum noch vergleichend untersucht worden. Aggregatdatenanalysen gehen implizit von einer einheitlichen Medienagenda aus und ziehen hierfür, je nach Datenlage, entweder Zeitungsinhalte, Inhalte von Fernsehnachrichten oder beides gemeinsam heran. Hierbei zeigen sich auch in Studien, die nur Fernsehnachrichten untersuchen, deutliche Agenda-Setting-Effekte (Kepplinger u.a. 1989; Quiring 2004). Individualdatenanalysen gehen davon aus, dass sich die Agenden der einzelnen Medien voneinander unterscheiden und Agenda-Setting-Effekte erst im Zusammenspiel aller genutzten Medieninhalte entstehen. Eine Trennung der Wirkungen von Fernseh- und Zeitungsinhalten ist demnach nicht sinnvoll.

Online-Medien In jüngster Zeit fokussiert sich die Forschung zunehmend auf Agenda-Setting-Effekte von Online-Nachrichtenseiten, Blogs und sozialen Netzwerken. Vergleiche zwischen Nutzern der Print- und der Online-Ausgaben von Tageszeitungen zeigen zunächst, dass die Online-Nutzer weniger Themen für wichtig halten als die Print-Nutzer (Althaus/Tewksbury 2002; Schönbach/de Waal/Lauf 2005). Einige Studien legen zudem den Schluss nahe, dass Online-Medien auch geringere Agenda-Setting-Effekte verursachen als Offline-Medien. So zeigten Conway und Patterson (2008) in einem Experiment einer Versuchsgruppe die CNN-Fernsehnachrichten, während die andere Gruppe die Webseite des Fernsehsenders betrachtete. Bei denjenigen, die die Webseite gesehen hatten, fielen die Agenda-Setting-Effekte deutlich geringer aus. Zu ähnlichen Befunden kommen auch Feldstudien, die zeigen, dass selbst diejenigen, die sich überwiegend aus dem Internet informieren, vor allem durch die Agenda von Offline-Medien beeinflusst werden (Coleman/McCombs 2007). Begründet wird dies meist damit, dass Online-Medien im Vergleich zu Offline-Medien weniger Hinweise auf die Themenrelevanz bereithielten. Andere Studien sprechen dagegen durchaus für relativ starke Agenda-Setting-Effekte von Online-Medien. So zeigen Shehata und Strömbäck (2013), dass bei Menschen, die sich aus mehreren Online-Quellen über Politik informieren, keine Agenda-Setting-Effekte klassischer Offline-Medien mehr auftreten. Ein großer Teil der jüngeren Forschung zu Agenda-Setting-Effekten von Online-Medien beschäftigt sich zudem mit der Frage, wie sich die Agenden von Online- und Offline-Medien wechselseitig beeinflussen. Diese Studien werden in einem späteren Kapitel diskutiert (Kapitel 5).

Glaubwürdigkeit Über alle Mediengattungen hinweg spielt schließlich auch die Glaubwürdigkeit der Informationsquelle eine Rolle: Medien, die für glaubwürdig gehalten werden, verursachen stärkere Agenda-Setting-Effekte als Medien, die für unglaubwürdig gehalten werden (Wanta/Hu 1994).

2) Merkmale der Botschaft

Agenda-Setting-Effekte werden in erheblicher Weise von formalen Beitragsmerkmalen beeinflusst. Große Beiträge auf den Titelseiten von Tageszeitungen und lange Beiträge zu Beginn einer Nachrichtensendung prägen die Publikumsagenda stärker als kurze Beiträge im Innenteil oder in der Mitte der Sendung (Behr/Iyengar 1985). Auch Tageszeitungsbeiträge, die durch ein großformatiges Bild illustriert werden, haben größere Agenda-Setting-Effekte als Beiträge ohne Bild (Wanta 1988). Allgemeiner formuliert kann man folglich sagen: Weil die Aufmachung eines Medienbeitrags die Rezeptionswahrscheinlichkeit beeinflusst und auf die Wichtigkeit schließen lässt, die die Redaktion dem Beitrag beimisst, lassen groß und aufwändig aufgemachte Beiträge ein Thema besonders relevant erscheinen.

<small>Formale Merkmale</small>

Auf der inhaltlichen Ebene wird die Stärke des Agenda-Setting-Effekts zum einen davon beeinflusst, wie Themen definiert werden: Bereits in Kapitel 3 wurde darauf hingewiesen, dass Themen auf einer sehr abstrakten Ebene (Wirtschaft, Außenpolitik usw.), aber auch als konkrete Probleme oder Einzelereignisse definiert werden können. Dabei zeigt sich in einigen Studien, dass Agenda-Setting-Effekte stärker ausfallen, wenn die erfassten Einzelthemen zu wenigen abstrakten Oberthemen verdichtet werden (Gormley 1975). In anderen Studien zeigen sich Agenda-Setting-Effekte aber eher bei konkreten als bei abstrakten Themen (Yagade/Dozier 1990). Dies muss kein Widerspruch sein: Konkrete Themen werden von den Rezipienten grundsätzlich besser erkannt. Andererseits führt die Zusammenfassung zu wenigen abstrakten Themenkategorien aber dazu, dass die rein statistische Wahrscheinlichkeit einer hohen Übereinstimmung zwischen Medien- und Publikumsagenda steigt.

<small>Themendefinition</small>

Zum anderen ist die Stärke von Agenda-Setting-Effekten von Thema zu Thema verschieden. Hierbei spielt vor allem die sogenannte *Aufdringlichkeit* (Obtrusiveness) eines Themas eine Rolle. Bereits in Kapitel 1 wurde deutlich gemacht, dass die meisten Menschen Informationen vor allem über die Massenmedien erhalten. Dies gilt allerdings nicht für alle Themen gleichermaßen. So können Menschen beispielsweise die Höhe der Inflation direkt beobachten, wenn sie einkaufen. Solche Themen bezeichnet man als aufdringliche Themen (obtrusive issues). Der Begriff wurde von Harold G. Zucker geprägt, der sich als erster mit der Frage befasst hat, bei welchen Themen Agenda-Setting-Effekte besonders deutlich feststellbar sind (Zucker 1978). Neben der Preisentwicklung betrachtete Zucker auch die Arbeitslosigkeit und die Kriminalität als aufdringliche Themen. Als unaufdringliche Themen klassifizierte er Umweltverschmutzung, Drogenmissbrauch und Energieversorgung.

<small>Aufdringlichkeit des Themas</small>

Tatsächlich zeigte seine Studie, dass Agenda-Setting-Effekte vor allem bei unaufdringlichen Themen auftreten, die überwiegend über die Massenmedien vermittelt werden.

Die Unterscheidung in grundsätzlich aufdringliche und unaufdringliche Themen ist allerdings schwierig, weil es auch vom Rezipienten abhängt, ob er zu einem Thema Informationen aus der direkten Umweltbeobachtung erhält. Studien, die die Lebenssituation der Rezipienten einbeziehen, zeigen beispielsweise, dass auch Menschen, die selbst arbeitslos sind, Arbeitslosigkeit nur dann für ein gesellschaftliches Problem halten, wenn die Medienberichterstattung dies nahelegt (Mutz 1994). Ebenso halten Menschen, die selbst schon einmal Opfer von Kriminalität waren, Kriminalität vor allem dann für ein großes Problem, wenn sie viele Kriminalitätsberichte im Fernsehen gesehen haben (Gross/Aday 2003). Mit anderen Worten treten auch bei Menschen, die über direkte Erfahrungen mit einem Problem verfügen, erhebliche Agenda-Setting-Effekte der Medienberichterstattung auf.

Aktualität des Themas

In einer neueren Studie macht schließlich Geiß (2015) darauf aufmerksam, dass auch die wahrgenommene Aktualität eines Themas eine erhebliche Rolle im Agenda-Setting-Prozess spielt. Aktualitätsbewertungen wie z.B. die wahrgenommene Dynamik eines Themas oder der damit verbundene soziale Druck lassen sich auf entsprechende Aktualitätssignale in den Massenmedien zurückführen und vergrößern die Agenda-Setting-Wirkung der Massenmedien. Allerdings spielen auch hier Botschafts- und Rezipientenmerkmale zusammen, weil sich die Rezipienten in ihren Aktualitätsbewertungen voneinander unterscheiden.

3) Merkmale der Rezipienten

Soziodemografische Merkmale

Frühe Agenda-Setting-Studien haben sich mit der Frage beschäftigt, welchen Einfluss *soziodemografische Merkmale* wie Geschlecht, Alter und Bildung auf den Agenda-Setting-Prozess haben (z.B. Hill 1985). Dabei zeigt sich zwar, dass Frauen und jüngere Menschen andere Medien nutzen als Männer und ältere Menschen. In einigen Fällen ist auch erkennbar, dass sich unterschiedliche gesellschaftliche Gruppen in ihren Themenagenden unterscheiden. Neuere Studien belegen aber, dass Agenda-Setting-Effekte bei beiden Geschlechtern und in allen Altersgruppen gleichermaßen auftreten (z.B. Coleman/McCombs 2007). Einflüsse der Bildung auf die Stärke des Agenda-Setting-Effekts lösen sich in der Regel auf, wenn Drittvariablen wie Interesse oder Involvement kontrolliert werden, deren Rolle später noch diskutiert werden wird.

4. Empirische Befunde

Relativ eindeutig scheint auf den ersten Blick die Rolle der *Mediennutzung* im Agenda-Setting-Prozess zu sein. Demnach treten Agenda-Setting-Effekte umso eher auf, je häufiger und aufmerksamer ein Rezipient die relevanten Medieninhalte nutzt (z.B. Wanta/Hu 1994). Ob ein Rezipient Medieninformationen häufig und aufmerksam verfolgt, hängt wiederum davon ab, wie ausgeprägt ein Mediennutzungsmotiv ist, das man als *Orientierungsbedürfnis* (need for orientation) bezeichnet. Ein hohes Orientierungsbedürfnis ist dann gegeben, wenn ein Rezipient ein Thema für relevant hält und sich in Bezug auf seine Ansichten zum Thema unsicher ist. Es wirkt sich in einem zweistufigen Prozess auf die Themenagenda der Rezipienten aus: 1. Je höher das themenspezifische Orientierungsbedürfnis, desto intensiver ist die Mediennutzung in Bezug auf ein Thema. 2. Je höher die themenspezifische Mediennutzung ist, desto wichtiger erscheint das jeweilige Thema den Rezipienten (Matthes 2008). Die Frage, ob Agenda-Setting-Effekte auch bei Menschen auftreten können, die selbst gar keine oder nur wenige Medieninformationen nutzen, wird später ausführlicher diskutiert werden (Kapitel 5).

Mediennutzung und Orientierungsbedürfnis

Rezipienten mit hohem themenspezifischem *Involvement* (persönliche Betroffenheit) neigen einerseits dazu, Medieninformationen zu diesem Thema regelmäßig und aufmerksam zu verfolgen. Dies sollte prinzipiell die Wahrscheinlichkeit eines Agenda-Setting-Effekts erhöhen. Allerdings verfügen sie durch ihre intensive Mediennutzung und ihr grundsätzliches Interesse am Thema auch über ein erhebliches *Vorwissen*. Rezipienten mit hohem Vorwissen können neue Informationen einerseits besser verstehen und einordnen als Rezipienten ohne Vorwissen. Andererseits verfügen sie mit hoher Wahrscheinlichkeit aber auch bereits über relativ gefestigte Vorstellungen davon, welche Themen wichtig sind und welche nicht. Neuere Studien zeigen deshalb, dass Agenda-Setting-Effekte vor allem bei Rezipienten mit geringem Involvement auftreten (Bulkow/Urban/Schweiger 2013).

Involvement

Diese Befunde zum Agenda-Setting-Effekt korrespondieren mit den theoretischen Annahmen des Elaboration Likelihood Models (ELM), das aus der Persuasionsforschung stammt (Petty/Cacioppo 1986). Dort werden zwei Wege der Informationsverarbeitung unterschieden, die als zentrale und periphere Route bezeichnet werden. Rezipienten mit hohem Involvement nutzen neue Informationen mit hoher Aufmerksamkeit und verarbeiten sie eher auf der zentralen Route. Sie gleichen die neuen Informationen mit bereits bestehenden Kenntnissen und Einstellungen ab und ändern ihre bestehenden Kenntnisse und Einstellungen deshalb mit relativ geringer Wahrscheinlichkeit. Gering involvierte

Agenda-Setting und ELM

Rezipienten wählen die periphere Route, nutzen die Informationen eher oberflächlich und verfügen kaum über Kenntnisse und Einstellungen, mit denen die neuen Informationen abgeglichen werden können. Diese werden folglich mit viel größerer Wahrscheinlichkeit in die Vorstellungswelt der Rezipienten integriert. Allerdings bleiben Vorstellungen, die auf der zentralen Route geprägt wurden, deutlich länger erhalten als Vorstellungen, die auf der peripheren Route geprägt wurden. Über die Zeit betrachtet kann man folglich annehmen, dass die Themenagenden von hoch involvierten Rezipienten relativ stabil bleiben, während gering Involvierte rascher und häufiger auf Veränderungen in der Medienagenda reagieren.

4) Einflüsse der Ereignislage

Eine wichtige Drittvariable im Agenda-Setting-Prozess ist schließlich auch die jeweilige Ereignislage. Prinzipiell wäre denkbar, dass der Zusammenhang zwischen Medien- und Publikumsagenda ausschließlich auf die objektive Wichtigkeit eines Thema zu einem gegebenen Zeitpunkt zurückzuführen ist: Weil die Arbeitslosigkeit steigt, berichten die Medien verstärkt über Arbeitslosigkeit, und die Bevölkerung hält das Thema für besonders wichtig, ohne dass die Medienberichterstattung die Ursache der Bevölkerungsmeinung ist. Im Grunde ist dieses Argument bereits dadurch entkräftet, dass eingangs gezeigt wurde, dass sich die meisten Menschen über politische Themen aus den Massenmedien informieren (siehe Kapitel 1). Man kann folglich annehmen, dass die meisten Menschen Ereignisse wie einen Anstieg der Arbeitslosigkeit oder der Kriminalität ohne die Medienberichterstattung gar nicht wahrnehmen würden.

Realität und Medienrealität

Dennoch haben sich viele Studien mit der Frage beschäftigt, wie man einen Einfluss der Ereignislage auf den Agenda-Setting-Prozess auch statistisch ausschließen kann. Eine mögliche Lösung hatte bereits Funkhouser (1973) in seiner Pionierstudie vorgeschlagen: Stehen Daten zur Medien- und Publikumsagenda über einen längeren Zeitraum zur Verfügung, kann man zusätzlich die Entwicklung dazu passender Realitätsindikatoren in die Analyse einbeziehen. Realitätsindikatoren sind z.B. statistische Erhebungen zur Höhe der Arbeitslosigkeit, der Kriminalität oder der Inflation, die mit der Menge der Berichterstattung über die jeweiligen Themen verglichen werden können (Extra-Media-Vergleich). Sie geben die „Realität" zwar nicht exakt wieder, weil sie naturgemäß nur einzelne, besonders relevante Realitätsaspekte berücksichtigen können und es z.B. bei Arbeitslosigkeit und Kriminalität auch eine Dunkelziffer gibt. Sie stellen aber eine gute Annäherung an die Realität dar, auch weil der Fehler, der durch die Dunkelziffer

entsteht, über die Zeit relativ konstant bleibt und folglich für Vergleiche mit der Entwicklung der Berichterstattung unerheblich ist.
Solche Vergleiche zeigen in der Regel, dass zwischen der Entwicklung der Realitätsindikatoren und der Medienberichterstattung nur ein geringer Zusammenhang besteht. Zwar reagieren die Medien beispielsweise auf steigende Arbeitslosigkeit häufig mit verstärkter Berichterstattung, über sinkende Arbeitslosigkeit wird jedoch nicht im gleichen Maße berichtet (Behr/Iyengar 1985; Quiring 2004). Die Berichterstattung über andere Themen, z.b. Umweltverschmutzung, steht in gar keinem Zusammenhang mit den realen Entwicklungen (Ader 1995). Studien, die die Publikumsagenda mit den realen Entwicklungen und der Medienberichterstattung vergleichen, zeigen, dass die Publikumsagenda der Medienagenda und nicht den Veränderungen der Realitätsindikatoren folgt. Rezipienten halten folglich die Themen für besonders wichtig, über die die Massenmedien häufig berichten, unabhängig davon, wie wichtig diese Themen zu einem gegebenen Zeitpunkt tatsächlich sind.

Eine andere Möglichkeit, die Einflüsse der Ereignislage zu kontrollieren, sind Individualdatenanalysen. Sie schließen Einflüsse der Ereignislage per se aus, weil sie untersuchen, ob sich Rezipienten, die unterschiedliche Medien nutzen, in ihren individuellen Themenagenden unterscheiden. Weil die Berichterstattung aller Medien auf derselben Ereignislage basiert, können die Unterschiede in den Themenagenden einzelner Medien nicht auf die Ereignislage, sondern nur auf unterschiedliche Selektionskriterien zurückzuführen sein. Wenn sich die Themenagenden der Rezipienten voneinander unterscheiden und diese Unterschiede auf die Unterschiede in den Themenagenden der von ihnen genutzten Medien zurückzuführen sind, kann hierfür folglich ebenfalls nicht die Ereignislage verantwortlich sein.

Fallbeispiele

Arbeitslosigkeit, Flut, Irak-Krieg: Agenda-Setting vor der Bundestagswahl 2002

Wenige Wochen vor der Bundestagswahl 2002 sah die Bilanz der amtierenden rot-grünen Bundesregierung nicht gut aus: Die Arbeitslosigkeit war nach vier Jahren Regierungszeit wieder genau so hoch wie in den letzten Jahren der Regierung Kohl. Die wirtschaftliche Entwicklung verlief sogar noch schlechter als damals. In den Medien wurde dies fortwährend thematisiert. Den Annahmen der Agenda-Setting-Hypothese entsprechend hielt die Bevölkerung Wirtschaft und Arbeit zunächst für die beiden eindeutig wichtigsten Themen im Wahlkampf.

Mitte August – etwa fünf Wochen vor der Wahl – traten in Ostdeutschland mehrere Flüsse über die Ufer. In den folgenden zwei Wochen mussten mehrere Dörfer unter zum Teil dramatischen Umständen evakuiert werden. Weite Teile Dresdens standen komplett unter Wasser. Während dieser Zeit sendeten die Fernsehnachrichten kaum etwas anderes als Bilder von der „Jahrhundert-Flut". Die Bild-Zeitung druckte dazu täglich bis zu 20 Artikel. Folgerichtig verdrängte die Flut die wirtschaftlichen Probleme aus den Köpfen der Menschen. Dass dafür nicht die Flut selbst verantwortlich war, sondern die Medienberichterstattung darüber, ist daran erkennbar, dass sich die Reaktionen in den Gebieten, die unmittelbar von der Flut betroffen waren, nicht sonderlich von denen in anderen Teilen des Landes unterschieden.

Als die Flut wieder abgeklungen war, griffen die Medien die wirtschaftlichen Probleme nicht wieder auf, weil sich mittlerweile Pläne der US-Regierung zu einem Einmarsch im Irak konkretisierten. Dieses Thema dominierte die Medienberichterstattung in den letzten zwei Wochen vor der Wahl. Dementsprechend hielten die Deutschen nun den drohenden Irak-Krieg für das größte Problem. Die Wirtschaftslage beschäftigte sie nach wie vor kaum, obwohl sich an der wirtschaftlichen Misere nichts geändert hatte.

5. Kritik/Weiterentwicklungen

Obwohl der Agenda-Setting-Effekt zu den empirisch am besten abgesicherten Medienwirkungs-Hypothesen gehört, ist er keineswegs unumstritten. Vor allem in den 1980er- und 1990er-Jahren wurden einige Kritikpunkte formuliert, die sich mittlerweile in einer ganzen Reihe von Weiterentwicklungen niedergeschlagen haben. In diesem Kapitel sollen zunächst drei wesentliche Kritikpunkte diskutiert werden: 1.) die Tatsache, dass Agenda-Setting-Effekte meist im Aggregat untersucht werden, obwohl die Hypothese (auch) durch Individualdatenanalysen geprüft werden müsste; 2.) die weitgehend ungeklärte Rolle interpersonaler Kommunikation; und 3.) der Einwand, dass Agenda-Setting-Studien in der Regel von linearen Effekten ausgehen, obwohl dies keineswegs selbstverständlich ist. Anschließend sollen noch zwei weiterführende Überlegungen thematisiert werden, die die neuere Agenda-Setting-Forschung maßgeblich geprägt haben: die Frage, wie die Medienagenda zustande kommt bzw. welche Strategien politische und andere Akteure zur Beeinflussung der Medien- und der Bevölkerungsagenda verfolgen (Agenda-Building); und die Frage nach Agenda-Setting-Wirkungen, die über die reine Thematisierungsfunktion hinausgehen (Second- und Third-Level Agenda-Setting).

Individuelle Agenda-Setting-Effekte

Die meisten Agenda-Setting-Studien werden als Aggregatdatenanalysen durchgeführt (Kapitel 4). Die Publikumsagenda setzt sich aber aus vielen individuellen Themenagenden einzelner Rezipienten zusammen, die unterschiedliche Medien unterschiedlich häufig nutzen. Dabei unterstellt die Agenda-Setting-Hypothese prinzipiell, dass jeder einzelne Rezipient die Agenda der von ihm genutzten Medien übernimmt und die gesellschaftliche Wirkung durch die Summe vieler individueller Wirkungen zustande kommt. Die Stärke dieser Wirkungen ist zudem bei verschiedenen Rezipienten ganz unterschiedlich. Folglich spricht vieles dafür, dass Agenda-Setting-Effekte (auch) auf Individualdatenbasis untersucht werden müssen. Die zunehmende Bedeutung von Online-Medien für die politische Kommunikation führt zudem dazu, dass individuelle Agenda-Setting-Effekte zukünftig erheblich an Relevanz gewinnen dürften. Die Vielzahl von in unterschiedlichen Online-Quellen verfügbaren Informationen und die Vielzahl der individuellen Mediennutzungsmuster führen vermutlich dazu, dass die Rezipienten zunehmend individuelle Medienagenden wahrnehmen und folglich auch zunehmend individuelle Rezipientenagenden ausbilden.

5. Kritik/Weiterentwicklungen

Komplexe Studien

Obwohl Erbring, Goldenberg und Miller (1980) bereits vor rund 30 Jahren erste Überlegungen hierzu angestellt haben (Kapitel 4), wurden solche Studien methodisch vollends überzeugend erst mehr als 15 Jahre später durchgeführt (Rössler 1997). Rössler, dessen komplexe Studie hier nur oberflächlich wiedergegeben werden kann, kombinierte eine zweiwellige Panelbefragung mit Inhaltsanalysedaten, die ab sechs Wochen vor der ersten und zwischen beiden Befragungswellen erhoben wurden. Erfasst wurde die Häufigkeit der Berichterstattung über neun spezifischen Themen bzw. Ereignisse (u.a. Wahlen in der DDR, Wiedervereinigung, Streikdrohung durch die Gewerkschaften) in den wichtigsten deutschen Tageszeitungen und Fernsehnachrichtensendungen sowie ausgewählten Radionachrichten. Dabei wurde die Mediennutzung der Befragten so detailliert erfasst und mit den Inhaltsanalysedaten kombiniert, dass für jeden Befragten zumindest ein Näherungswert für die tatsächlich genutzten Beiträge zu den einzelnen Themen berechnet werden konnte (siehe Kapitel 3). Schließlich wurde für jedes der neun Themen der Einfluss der individuell wahrgenommenen Medienagenda auf die individuelle Rezipientenagenda berechnet. Dabei wurden in einem komplexen Analysemodell zudem verschiedene Rezipientenmerkmale (allgemeine Mediennutzung, Orientierungsbedürfnis, interpersonelle Kommunikation usw.) kontrolliert.

Anekdoten

Warum die Agenda-Setting-Forschung nicht immer planbar ist

Dass die Unwägbarkeiten des Zeitgeschehens nicht nur die Medienberichterstattung, sondern auch die Agenda-Setting-Forschung gehörig durcheinanderbringen können, zeigen die Hintergründe zu Rösslers Studie: Nachdem das Projekt von langer Hand geplant und vorbereitet war, wurden die Forscher vom Mauerfall im Herbst 1989 und der deutsch-deutschen Wiedervereinigung überrascht. Dieses Ereignis, dessen überragende Bedeutung für das politische System, die Medien und die Bevölkerung schon damals außer Frage stand, dominierte die Agenden in jeder Hinsicht, was zwar für hohe Übereinstimmungen sorgte, die Entdeckung von Medienwirkungen aber erheblich erschwerte.

Geringe Effekte

Rösslers Analysen für die unterschiedlichen Themen bestätigen zwar größtenteils den Agenda-Setting-Effekt, zeigen aber nur sehr geringe Einflüsse der individuell wahrgenommenen Medienagenda auf die individuelle Rezipientenagenda. Mit anderen Worten hielten Rezipienten, die zu einem Thema sehr viele Informationen aus den Massenmedien erhalten hatten, dieses Thema nur für geringfügig wichtiger, als Rezipienten, die zu diesem Thema nur wenige Informationen erhalten hatten (zu ähnlichen Befunden siehe auch Matthes 2008). Analysierte Rössler dieselben Daten dagegen mittels Aggregatanalyse, zeigten sich wesentlich deutlichere Agenda-Setting-Effekte. Seine Analysen bestätigen folglich die generelle Erkenntnis, dass die starken Agenda-Setting-Effekte, die im Aggregat gemessen werden, mit Individualanalysen nicht repliziert werden können. Dies kann man auf drei unterschiedliche Arten erklären:

Zum einen kann man die Befunde auf Aggregatdatenbasis als ökologischen Fehlschluss betrachten (siehe Kapitel 3). Demnach sind Zusammenhänge im Aggregat, die sich auf Individualdatenebene nicht replizieren lassen, Scheinzusammenhänge, die durch dritte Variablen verursacht sind. Man müsste dann davon ausgehen, dass Agenda-Setting-Effekte deutlich geringer sind, als es im Aggregat erscheint.

Ursachen

Eine andere Erklärung gibt Rössler selbst: Auf der Individualebene wirken sich unterschiedliche Kenntnisstände, Voreinstellungen (Schemata) und Informationsverarbeitungsstrategien auf die Wahrnehmung und Wirkung von Medienbeiträgen aus. Dies führt dazu, dass identische Beiträge von unterschiedlichen Rezipienten unterschiedlich verstanden und mit unterschiedlicher Wahrscheinlichkeit in ihre Vorstellungswelt integriert werden, und trägt dazu bei, individuelle Agenda-Setting-Effekte zu minimieren. Rössler greift damit die Kritik an den lerntheoretischen Grundannahmen der Agenda-Setting-Hypothese auf, die bereits in Kapitel 1 diskutiert wurden. Demnach ist es unrealistisch, eine identisch starke Wirkung der Medienberichterstattung auf alle Rezipienten zu erwarten. Agenda-Setting-Effekte treten vor allem bei denjenigen auf, bei denen die neuen Informationen zu etablierten Schemata passen (Tiele/Scherer 2004).

Dennoch bleibt die Frage, warum dann im Aggregat eine solch starke Agenda-Setting-Wirkung gemessen wird. Rössler argumentiert hier, dass die einzelnen Rezipienten zwar über prinzipiell unterschiedliche Schemata verfügen, diese sich aber innerhalb einer Gesellschaft doch so sehr mit den Schemata anderer Rezipienten überschneiden, dass „das endliche Schemarepertoire zu einer zentralen Tendenz und somit zu den beschriebenen Agenda-Setting-Funktionen" führt (Rössler 1997: 406). Allerdings verfügen die Rezipienten entweder über gleiche oder ungleiche Schemata, die entweder zu den von ihnen genutzten Medieninhalten passen oder nicht – vollkommen unabhängig davon, mit welcher Methode dies analysiert wird.

Eine dritte Erklärung setzt deshalb nicht im, sondern erst nach dem Rezeptionsprozess an. Demnach entstehen gesellschaftliche Agenda-Setting-Effekte dadurch, dass die Mediennutzer durch nachfolgende interpersonale Kommunikation Medieninhalte auch an den Teil der Gesellschaft weiter tragen, der entsprechende Informationen selten oder nie nutzt. Der Zusammenhang zwischen individueller Mediennutzung und individueller Themenagenda löst sich folglich nach der Rezeption auf – nicht weil Medien nur geringe Agenda-Setting-Effekte haben, sondern weil sie so große Effekte haben, dass auch diejenigen erreicht werden, die sie selbst gar nicht nutzen (Maurer 2004). Dies soll im folgenden Abschnitt ausführlicher diskutiert werden.

Die Rolle interpersonaler Kommunikation

Die Rolle der interpersonalen Kommunikation im Medienwirkungsprozess beschäftigt die Medienwirkungsforschung seit den frühen Befunden zum Zwei-Stufen-Fluss der Kommunikation (Lazarsfeld/Berelson/Gaudet 1944). Demnach fließen Medieninformationen zunächst an sogenannte Meinungsführer – besonders interessierte und kommunikative Menschen, die von anderen häufig um Rat gefragt werden. Im zweiten Schritt informieren die Meinungsführer die restliche Bevölkerung. Diese Befunde wurden damals als Indiz für äußerst geringe Medienwirkungen interpretiert.

Seitdem ist die Verfügbarkeit von Medieninformationen unter anderem durch technische Entwicklungen sprunghaft angestiegen, sodass sich die meisten Menschen heute direkt aus den Massenmedien informieren und prinzipiell nicht mehr auf Meinungsführer angewiesen sind (Kapitel 1). Dennoch spielt die interpersonale Kommunikation im Agenda-Setting-Prozess vermutlich weiterhin eine wichtige Rolle. Allerdings kann diese Rolle auf unterschiedliche Arten interpretiert werden. Etwas vereinfachend kann man dabei zwei Richtungen unterscheiden:

Interpersonale Kommunikation als Faktor, der Medienwirkungen einschränkt

Die meisten Agenda-Setting-Studien betrachten interpersonale Kommunikation in der Tradition der Überlegungen zum Zwei-Stufen-Fluss als einen Faktor, der die Agenda-Setting-Wirkung der Massenmedien *einschränkt*. Dahinter steht der Gedanke, dass Menschen, die sich regelmäßig mit anderen unterhalten, nicht alleine auf die Medienberichterstattung angewiesen sind, wenn sie sich Vorstellungen von der Relevanz von Themen bilden. Die Medienagenda tritt vielmehr in Konkurrenz zu der Agenda persönlicher Gespräche. Einige Studien zeigen deshalb, dass Agenda-Setting-Effekte der Massenmedien besonders bei denjenigen auftreten, die sich selten oder gar nicht mit anderen über ein Thema unterhalten (Erbring/Goldenberg/Miller 1980). Andere Studien zeigen, dass die individuelle Rezipientenagenda wesentlich stärker von interpersonaler Kommunikation geprägt ist, als von der Medienagenda (Wanta/Wu 1992). In der umfangreichsten Studie dieser Art verglichen Schenk und Rössler (1994; siehe auch Rössler 1997) die individuellen Themenagenden der Befragten mit den Themenagenden der von ihnen genutzten Medien und den Themenagenden von durchschnittlich drei Personen, mit denen sie sich häufig über Politik unterhielten (egozentrierte Netzwerke). Die Analysen zeigen, dass die Themenagenden der einzelnen Rezipienten stärker von der Häufigkeit der persönlichen Gespräche über ein Thema beeinflusst wurden als von der Menge der von ihnen genutzten Medieninformationen zu diesem Thema. Menschen haben demnach in der Regel sehr ähnliche Themenagenden wie die Menschen in ihrem Bekanntenkreis. Durch wiederholte persönliche Gespräche mit Menschen, die ähnliche Interessen und Vorstellungen haben, werden Rezipientenagenden etabliert, die durch neue Medieninformationen nur schwer zu ändern sind. Gesprächspartner in der interpersonalen Kommunikation bzw. Meinungsführer werden in diesem Modell folglich als eigenständige Kommunikatoren betrachtet, die den Einfluss der Medienberichterstattung einschränken.

Einige neuere Agenda-Setting-Studien betrachten interpersonale Kommunikation dagegen als einen Faktor, der die Agenda-Setting-Wirkung der Massenmedien im Gegenteil sogar *vergrößert*. Grundlage dieser Überlegungen ist die Tatsache, dass die Medienberichterstattung in vielen Fällen interpersonale Kommunikation über ein Thema erst anstößt. Menschen, die selten oder nie Medien nutzen, kommen durch Gespräche mit anderen indirekt auch mit der Medienagenda in Berührung. Einen ersten Hinweis hierauf lieferten Weimann und Brosius (1995), die mithilfe von Zeitreihenanalysen zeigten, dass Meinungsführer die Medienagenda früher übernehmen als die übrige Bevölkerung. Zugleich zeigen sie allerdings, dass die Meinungsführer im ersten Schritt die Medienagenda beeinflussen, während diese dann die Agenda der übrigen Bevölkerung prägt.

> Interpersonale Kommunikation als Faktor, der Medienwirkungen vergrößert

Eindeutig für einen verstärkenden Einfluss interpersonaler Kommunikation im Agenda-Setting-Prozess sprechen dagegen die Befunde von Krause und Gehrau (2007). Sie analysierten mithilfe von täglich erhobenen Zeitreihendaten die Einflüsse der Themenagenda von vier Fernsehnachrichtensendungen auf regelmäßige und seltene Nutzer der Fernsehnachrichten und zeigten, dass regelmäßige Nutzer bereits am folgenden Tag die Medienagenda übernehmen. Bei seltenen bzw. Nicht-Nutzern sind solche Effekt erst nach drei Tagen zu beobachten. Die Autoren interpretieren diese Verzögerung als Effekt interpersonaler Kommunikation: Die regelmäßigen Nutzer übernehmen die Themenagenden der Sendungen und geben sie in den Folgetagen durch Gespräche mit Selten- und Nicht-Nutzern auch an diese weiter. In diesen Fällen kann man von indirekten Medienwirkungen sprechen: Meinungsführer sind in diesem Modell keine eigenständigen Kommunikatoren, denen man einen originären Einfluss im Agenda-Setting-Prozess zuschreiben kann. Sie geben vielmehr weitgehend ungefiltert das weiter, was sie selbst aus den Medien erfahren haben, und schränken die Medienwirkung somit nicht ein, sondern weiten sie sogar aus.

Randbedingungen Welche der beiden Sichtweisen eher zutrifft, dürfte auch von Randbedingungen der Medienberichterstattung abhängen. So kann man annehmen, dass interpersonale Kommunikation Medienwirkungen vor allem dann verstärkt, wenn die Medienberichterstattung konsonant ist, weil dies die Wahrscheinlichkeit erhöht, dass in Gesprächen mit verschiedenen Partnern ähnliche Themenagenden vermittelt werden. Ob die Medienberichterstattung konsonant ist, ist allerdings von Thema zu Thema sehr unterschiedlich (Atkinson/Lovett/Baumgartner 2014). Um den Informationsfluss von den Medien über die Meinungsführer zur restlichen Bevölkerung detailliert zu erfassen, wäre allerdings ein komplexes Forschungsdesign nötig, das unter anderem die Inhalte der Medienberichterstattung und der interpersonalen Kommunikation exakt erfasst und untereinander sowie mit den Themenagenden der Meinungsführer und der übrigen Bevölkerung vergleicht. Solche Studien sind im traditionellen Offline-Kontext kaum möglich. Allerdings legen neuere Überlegungen den Schluss nahe, dies zukünftig im Kontext der Online-Kommunikation zu versuchen. So kann man diejenigen, die Massenmedien in sozialen Netzwerken wie Facebook oder Twitter folgen, als Meinungsführer betrachten, die die dort verbreiteten Themen an ihre eigenen Follower weitervermitteln (Karlsen 2015).

Nonlineare Wirkungsannahmen

Medienwirkungen werden zumindest implizit fast immer als lineare Effekte betrachtet: Eine Wirkung auf die Rezipienten wird umso eher vermutet, je mehr Medienbeiträgen mit mehr oder weniger ähnlichem Inhalt sie ausgesetzt sind. Die in der Regel unausgesprochene Annahme der meisten Agenda-Setting-Studien lautet deshalb, dass die Rezipienten ein Thema für umso wichtiger halten, je mehr Beiträge zu diesem Thema in den Medien vorkommen (Aggregatanalysen) bzw. je häufiger sie persönlich Medienbeiträge zu diesem Thema rezipiert haben (Individualanalysen; siehe Kapitel 4).

Wirkungsmodelle Erst Ende der 1980er-Jahre ist diese Annahme von zwei Forschergruppen unabhängig voneinander nahezu zeitgleich infrage gestellt worden.

Beide bezweifelten zwar nicht, dass mit einer Zunahme der rezipierten Beiträge die Wahrscheinlichkeit einer Wirkung steigt. Sie bezweifelten jedoch, dass dies in linearer Form geschieht, also jeder zusätzliche Beitrag über ein Thema in den Medien einen mehr oder weniger identischen Bedeutungsgewinn dieses Themas auf der Publikumsagenda auslöst.

Hans Mathias Kepplinger u.a. (1989) stellen dem linearen Modell zunächst zwei allgemeine nonlineare Modelle gegenüber: Das *Beschleunigungsmodell* geht davon aus, dass die Rezipienten ausgesprochen sensibel auf eine Zunahme der Berichterstattung über ein Thema reagieren. Viele Beiträge hätten demnach einen überproportional größeren Effekt als wenige. Das *Trägheitsmodell* geht von der umgekehrten Annahme aus. Demnach reagiert die Bevölkerung vergleichsweise träge auf die Berichterstattung. Viele Beiträge hätten demnach im Vergleich zu wenigen einen überproportional geringeren Effekt.

Ergänzt werden die beiden allgemeinen um zwei speziellere Modelle: Das *Schwellenmodell* geht davon aus, dass eine Agenda-Setting-Wirkung erst dann eintritt, wenn eine gewisse Berichterstattungsschwelle überschritten ist. Wenige Medienberichte über ein Thema lösen zunächst keine nennenswerten Agenda-Setting-Effekte aus. Ist die Schwelle zur öffentlichen Wahrnehmung eines Themas jedoch überschritten, steigt die Wichtigkeit des Themas auf der Publikumsagenda rasant an. Das *Echo-Modell* schließlich geht davon aus, dass die Bevölkerung Themen auch dann noch eine ganze Zeit für wichtig hält, wenn die Medienberichterstattung bereits nachgelassen hat.

Modell

Schaubild 5: Lineare und nonlineare Agenda-Setting-Modelle im Vergleich

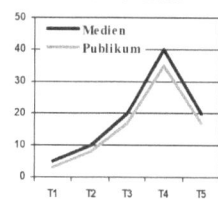
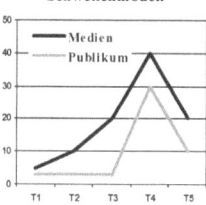
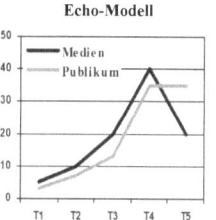

Anmerkung: Alle drei Modell zeigen den idealisierten Verlauf der Menge der Medienberichterstattung (dunkle Linie) und des Anteils der Bevölkerung, der ein Thema für wichtig hält (helle Linie), bei fünf Messzeitpunkten.

5. Kritik/Weiterentwicklungen

Befunde

Ob nonlineare Modelle Agenda-Setting-Effekte besser erklären können als das traditionelle lineare Modell, prüfen die Autoren anhand einer Methodenkombination aus einer Inhaltsanalyse der Berichterstattung von vier deutschen Fernsehnachrichtensendungen und einer wöchentlichen Trendbefragung im Verlauf des Jahres 1986 (53 Messzeitpunkte). Dabei wurden 16 abstrakte Themen berücksichtigt (Arbeitslosigkeit, Inflation, Umwelt usw.). Die Analysen zeigen, dass alle nonlinearen Modelle mit Ausnahme des Trägheitsmodells Agenda-Setting-Effekte besser erklären können als das lineare Modell. Welches der nonlinearen Modelle sich am besten eignet, ist von Thema zu Thema unterschiedlich: Für neue Themen und solche, von denen die Rezipienten direkt betroffen sind (z.B. Energieversorgung, Steuern) gilt das Beschleunigungsmodell. Nach spektakulären Ereignissen, über die die Medien intensiv berichtet haben (z.B. Umweltschutz nach dem Reaktorunfall in Tschernobyl), gilt dagegen das Echo-Modell.

Nahezu zeitgleich untersuchte Russell Neuman (1990) anhand einer Langzeitanalyse zwischen 1945 und 1980 die Einflüsse der Thematisierung von 10 konkreten Themen und Ereignissen (z.B. Vietnamkrieg, Armut, Watergate-Skandal) in der New York Times auf die Einschätzung der Bedeutung dieser Themen in der amerikanischen Bevölkerung. Seine Befunde bestätigten die von Kepplinger u.a. zumindest bei einigen der untersuchten Themen, z.B. dem Vietnamkrieg: Bei einer mäßigen Berichterstattung war zunächst kein Agenda-Setting-Effekt erkennbar. Erst nachdem die Wahrnehmungsschwelle in der Berichterstattung überschritten war, stieg die Problemwahrnehmung in der Bevölkerung stark an, um schließlich auf relativ hohem Niveau zu stagnieren (Deckeneffekt). Mit anderen Worten stellte sich der Zusammenhang zwischen Medien- und Publikumsagenda nicht als linear, sondern als logistisch dar: Die Berichterstattung oberhalb der Wahrnehmungs- und unterhalb der Sättigungsschwelle vergrößert die Problemwahrnehmung der Bevölkerung überproportional stark.

Zwar lösten beide Studien kurzfristig eine Reihe weiterer Untersuchungen aus, die die Linearitätsannahme in der Agenda-Setting-Forschung ebenfalls infrage stellten. Mittlerweile gehen jedoch wieder nahezu alle Agenda-Setting-Studien zumindest implizit von linearen Effekten aus, vor allem weil die Modellierung nonlinearer Effekte kompliziert ist und Datensätze verlangt, wie sie der Forschung nur selten zur Verfügung stehen. Eine Aufgabe für die zukünftige Forschung wäre es deshalb, die Randbedingungen des Auftretens nonlinearer Agenda-Setting-Effekte weiter zu untersuchen.

5. Kritik/Weiterentwicklungen

Agenda-Building: Einflüsse auf die Medienagenda

Bislang ging es fast ausschließlich um die Einflüsse der Medien- auf die Publikumsagenda, weil diese Gegenstand der ursprünglichen Agenda-Setting-Hypothese sind. Bereits Anfang der 1980er-Jahre wurde jedoch bezweifelt, dass diese relativ einfache Annahme die Realität adäquat beschreibt. In ihrer Analyse des Watergate-Skandals formulierten Lang und Lang (1981) die Hypothese, dass die öffentliche Themenrelevanzzuschreibung Ursache eines weit komplexeren Prozesses ist, den sie als *Agenda-Building* bezeichnen. Demnach müssen neben den Medien und den Rezipienten auch die politischen Akteure in die Analyse des Entstehens der öffentlichen Agenda einbezogen werden.

Lang und Lang entlehnten den Begriff Agenda-Building aus der Politikwissenschaft, wo er den Prozess beim Entstehen der *politischen* Agenda bezeichnete, also die Frage, warum sich die Politik bestimmten Problemen zuwendet und anderen nicht (zuerst Miller/Stokes 1963). Ihre Leistung bestand folglich vor allem in der Integration der politik- und kommunikationswissenschaftlichen Ansätze. Dies ging in der Kommunikationswissenschaft allerdings mit einer Bedeutungsveränderung des Begriffs einher: Von nun an wurde unter Agenda-Building in einem engeren Sinn der Einfluss politischer Akteure auf die Medienagenda und in einem weiteren Sinn das Zustandekommen der Medienagenda insgesamt verstanden.

Begriffsherkunft

> **Begriffe**
>
> **Agenda-Building:** im engeren Sinne die Versuche politischer Akteure, ihrer Ansicht nach wichtige bzw. für sie günstige Themen auf der Medienagenda zu platzieren; im weiteren Sinne das Zustandekommen der Medienagenda insgesamt

Rogers und Dearing (1988) systematisierten diesen Gedanken weiter und unterschieden drei Komponenten des Agenda-Setting-Prozesses: Medien-Agenda-Setting, Publikums-Agenda-Setting und Policy-Agenda-Setting („Dreieck der politischen Kommunikation"). Neben der klassischen Frage, wie die Publikumsagenda entsteht (Publikums-Agenda-Setting), geriet nun auch die Frage nach dem Verhältnis von Medien- und Policy-Agenda in den Blickpunkt. Empirisch wurde vor allem untersucht, ob der Einfluss der Policy-Agenda auf die Medienagenda größer ist als der umgekehrte Einfluss und welche der beiden Agenden die Publikumsagenda stärker bestimmt.

Systematisierung der Forschung

Ausgangspunkt hierfür ist die Überlegung, dass man politischen Akteuren ein grundsätzliches Interesse daran unterstellen kann, die Publikumsagenda zu beeinflussen, weil sie davon profitieren, wenn die Probleme in der öffentlichen Diskussion im Vordergrund stehen, für deren Lösung sie als besonders kompetent erachtet werden (Issue-Ownership-Theorie, Petrocik 1996; siehe auch Kapitel 6). Prinzipiell können sie dies entweder direkt oder indirekt über die Massenmedien versuchen. Es wurde bereits deutlich gemacht, dass der Weg über die Massenmedien vermutlich Erfolg versprechender ist (Kapitel 1). Hierfür sprechen bereits frühe Studien, die zeigen, dass die Massenmedien die Agenda der politischen Parteien weitgehend übernehmen (Asp 1983).

Einflüsse der Policy- auf die Medienagenda

Neuere Untersuchungen, die mit zeitreihenanalytischen Verfahren arbeiten, zeigen darüber hinaus, dass die Einflüsse der Policy- auf die Medienagenda meist deutlich größer sind als die umgekehrten Einflüsse (Walgrave/van Aelst 2006, Kim u.a. 2016). In der Regel greifen folglich politische Akteure gesellschaftlich relevante Probleme auf, und die Massenmedien orientieren sich bei ihrer Berichterstattung über das politische Tagesgeschehen fast zwangsläufig an der Agenda der politischen Akteure. Dieser Einfluss bleibt auch dann erhalten, wenn die politische Ereignislage kontrolliert wird (Wanta/Kalyango 2007). Die Politik kann folglich unabhängig von der Ereignislage Themen setzen, die von den Medien aufgegriffen werden. Allerdings gelingt dies größeren Parteien weitaus besser als kleineren (Jandura 2007).

Einflüsse der Medien- auf die Policy-Agenda

Umgekehrt greift die Politik aber auch Themen auf, über die die Massenmedien besonders intensiv berichten (Wanta u.a. 1989; Pritchard/Berkowitz 1993). Dies kann man zum einen damit erklären, dass politische Akteure die Medienberichterstattung als Indikator für die Bedeutung eines Themas in der Bevölkerung betrachten und folglich Handlungsbedarf sehen, wenn ein Thema dort intensiv diskutiert wird. Zum anderen kann man unterstellen, dass Politiker eine Chance sehen, ihre Medienpräsenz zu erhöhen, wenn sie auf ein populäres Thema aufspringen. Ein anschauliches Beispiel hierfür ist die Politisierung der Diskussion um den weltweiten Klimawandel. Erst nachdem dieses im Kern wissenschaftliche Thema in den Massenmedien intensiv diskutiert wurde, nahm sich die Politik des Problems an (Trumbo 1995; Weingart/Engel/Pansegrau 2000).

Einflüsse der Medien- und Policy- auf die Publikumsagenda

Nur relativ wenige Studien haben sich bislang mit den vergleichenden Einflüssen von Medien- und Policy-Agenda auf die Publikumsagenda beschäftigt. Dabei haben zuletzt Tan und Weaver (2007) die Agenden der *New York Times*, des amerikanischen Kongresses und der US-Bevölkerung zwischen 1946 und 2004 mithilfe von Zeitreihenanalysen miteinander verglichen. Sie zeigen für einige der 19 untersuchten Themen (z.B. Arbeit, Gesundheit, Verteidigung) zumindest mäßige Einflüsse der Medien- auf die Publikumsagenda. Relativ deutliche und im Zeitverlauf zunehmende Zusammenhänge sind zwischen der Policy- und der Medienagenda erkennbar. Das Ursache-Wirkungs-Verhältnis ist aber unklar, die Daten weisen auf wechselseitige Einflüsse hin. Die Policy-Agenda schließlich beeinflusste die Publikumsagenda kaum. Die Befunde sprechen insgesamt folglich dafür, dass die Publikumsagenda von den Medien deutlich stärker geprägt wird als von politischen Akteuren. In anderen Studien zeigt sich zudem, dass Einflüsse auf die Publikumsagenda vor allem dann auftreten, wenn sich Policy- und Medienagenda gleichen (Hayes 2008). Dies deutet noch einmal darauf hin, wie wichtig es für politische Akteure ist, die Medienagenda in ihrem Sinne zu beeinflussen.

Einflüsse der Publikums- auf die Medienagenda galten lange als unwahrscheinlich, weil die klassischen Massenmedien kaum über adäquate Rückkopplungskanäle verfügten, die ihnen eine Vorstellung davon hätten geben können, welche Themen der Bevölkerung zu einem gegebenen Zeitpunkt besonders relevant erschienen. Folglich hätten sie auch kaum mit zunehmender Berichterstattung darauf reagieren können. Das Publikum galt deshalb lange als eine mehr oder weniger passive Ansammlung von Rezipienten ohne besondere Einflussmöglichkeiten. Dies hat sich zuletzt vor allem durch die zunehmende Bedeutung von Online-Medien für die politische Kommunikation verändert. Rezipienten können ihren Ansichten nun über soziale Netzwerke, eigene Webseiten oder Nutzerkommentare auf den Webseiten von Massenmedien öffentlich Ausdruck verleihen und folglich selbst Agenda-Setting betreiben. Viele neuere Studien haben sich deshalb mit den Einflüssen von sozialen Netzwerken wie Twitter (Neuman u.a. 2014) oder YouTube (Sayre u.a. 2010) auf die Agenda der klassischen Massenmedien beschäftigt. Diese Studien zeigen in der Regel starke Übereinstimmungen der verschiedenen Agenden, die sich zudem wechselseitig beeinflussen. In den meisten Fällen zeigen sich zwar stärkere Einflüsse der Agenda journalistischer Nachrichtenmedien auf die Agenda sozialer Netzwerke (Kim u.a. 2016). Gelegentlich ist dies aber auch umgekehrt. Dabei muss man allerdings konstatieren, dass die Agenda sozialer Netzwerke nur begrenzt als Indikator für die Publikumsagenda taugt, weil auch journalistische Nachrichtenmedien und politische Akteure in sozialen Netzwerken aktiv sind. Die wechselseitige Beeinflussung unterschiedlicher Akteure innerhalb sozialer Netzwerke ist eine Forschungsfrage für sich, die sich aufgrund der komplexen Dynamiken nur sehr schwer beantworten lässt.

Einflüsse der Publikums- auf die Medienagenda

Einflüsse der Publikums- auf die Medienagenda werden aber auch in einigen neueren Studien erkennbar, die die Publikumsagenda über traditionelle Bevölkerungsbefragungen erheben. So folgte die Berichterstattung über die Weltwirtschaftskrise 2008 tendenziell eher den Ansichten der Bevölkerung zur Relevanz des Themas als umgekehrt (Searles/Smith 2016). Solche Einflüsse kann man möglicherweise damit erklären, dass sich die Massenmedien im Online-Zeitalter stärker an den Interessen ihres Publikums ausrichten, um es an sich zu binden.

Einflüsse innerhalb der Akteursgruppen

Eine zuletzt ebenfalls häufiger untersuchte Frage ist schließlich, welche Beeinflussungsprozesse sich innerhalb der drei am Agenda-Setting-Prozess beteiligten Gruppen abspielen. Bereits früher in diesem Kapitel wurde darauf hingewiesen, dass Gespräche innerhalb der Bevölkerung Agenda-Setting-Effekte beeinflussen. Ähnliche Einflüsse lassen sich auch innerhalb des Mediensystems ausmachen (Intermedia Agenda-Setting). So orientiert sich beispielsweise die Agenda regionaler Tageszeitungen an der Agenda sogenannter Meinungsführermedien (Fernsehnachrichten, überregionale Tageszeitungen). Hierfür sprechen sowohl inhaltsanalytische Vergleiche der Medienagenden (Danielian/Reese 1989), als auch Befragungen von Journalisten (Reinemann 2003). Gelegentlich kommt es auch zu umgekehrten Effekten, wenn überregionale Medien einzelne Themen aus alternativen (Mathes/Pfetsch 1991) oder lokalen (Mathes/Czaplicki 1993) Medien übernehmen, z.B. weil diese näher am Geschehen sind. Relativ gut belegt sind zudem Einflüsse der Themenagenden von Nachrichtenagenturen auf die Agenden von traditionellen und Online-Medien (Roberts/Wanta/Dzwo 2002; Lim 2006). Eine zuletzt sehr häufig untersuchte Frage ist schließlich, wie sich die Themenagenden von Offline- und Online-Medien wechselseitig beeinflussen. Solche Studien finden beispielsweise starke wechselseitige Einflüsse zwischen Online- und Offline-Angeboten klassischer Nachrichtenmedien (Sayre u.a. 2010). Aber auch die Themenagenden von klassischen Nachrichtenmedien und politischen Blogs beeinflussen sich wechselseitig (Sweetser/Golan/Wanta 2008; Meraz 2011). Diese medieninternen Koorientierungsprozesse tragen momentan noch dazu bei, die Konsonanz der Medienberichterstattung zu erhöhen und – entgegen den Annahmen der Fragmentierungsthese – die gesellschaftliche Agenda-Setting-Wirkung aufrecht zu erhalten (siehe auch Kapitel 3 und 4).

Vor allem politikwissenschaftliche Studien haben sich schließlich auch mit Agenda-Setting-Prozessen innerhalb des politischen Systems beschäftigt. Hier geht es vor allem darum, wie sich die Agenden verschiedener Parteien oder politischer Institutionen gegenseitig beeinflussen.

5. Kritik/Weiterentwicklungen

So zeigt sich beispielsweise, dass der amerikanische Präsident bei innenpolitischen Themen die Agenda des Kongresses beeinflusst. Umgekehrt gelingt es dem Kongress aber nicht, die Agenda des Präsidenten zu beeinflussen (Edwards/Wood 1999). Schaubild 6 fasst die in diesem Abschnitt diskutierten Beziehungen noch einmal grafisch zusammen.

Modell

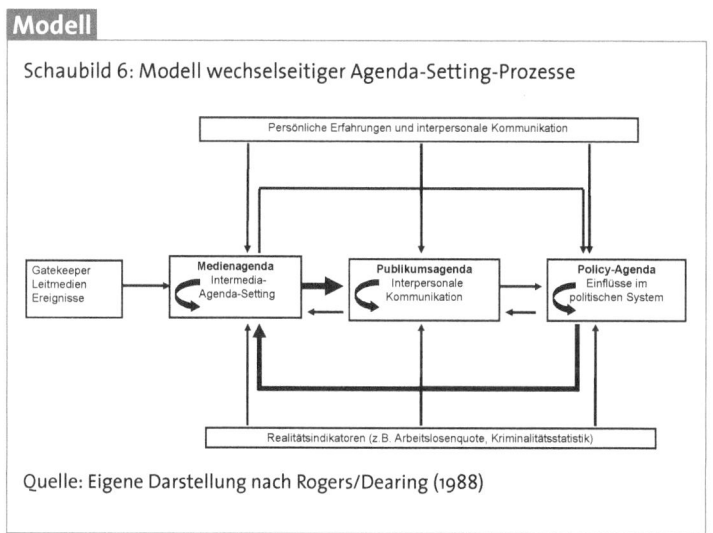

Schaubild 6: Modell wechselseitiger Agenda-Setting-Prozesse

Quelle: Eigene Darstellung nach Rogers/Dearing (1988)

Second-Level Agenda-Setting

Es wurde bereits deutlich gemacht, dass sich die Agenda-Setting-Hypothese zu Beginn der 1970er-Jahre dezidiert von den damaligen Medienwirkungstheorien zum Einfluss von Massenmedien auf Einstellungen, Werte und Verhaltensweisen der Rezipienten abgrenzte. Die Medien – so die Annahme – haben vermutlich keinen Einfluss auf das, was die Menschen denken, sie beeinflussen aber, worüber sie nachdenken (siehe Kapitel 1 und 2). Mitte der 1990er-Jahre vollzog einer der Begründer der Theorie, Maxwell McCombs, jedoch eine überraschende Wendung. Er erklärte es nun zur Aufgabe der Agenda-Setting-Forschung, auch Medienwirkungen auf die Einstellungen der Rezipienten zu untersuchen (McCombs 1994) und tat dies in mehreren Untersuchungen, zunächst vor allem im Kontext seiner Tätigkeit als Gastprofessor in Spanien (z.B. McCombs u.a. 1997). Er bezeichnete diese Art der Einflussnahme der Medien als Second-Level Agenda-Setting, weil es sich seiner Ansicht nach um eine zweite Ebene im Agenda-Setting-Prozess handelte: Auf der ersten Ebene werden die Vorstellungen von der Relevanz von Sachthemen geprägt, auf der zweiten Ebene wertende Vorstellungen von Personen, Themen oder Ereignissen.

Medienwirkungen auf Einstellungen

5. Kritik/Weiterentwicklungen

Attribute Agenda-Setting

Wie lassen sich Medienwirkungen auf Einstellungen in die Agenda-Setting-Hypothese integrieren? McCombs argumentiert dabei wie folgt: In den Medien werden nicht nur bestimmte Themen, sondern auch positive oder negative Eigenschaften von Personen bzw. Argumente für oder gegen einen Standpunkt in den Vordergrund gerückt. McCombs verwendet hierfür allgemein den Begriff Attribute. Attribute, die von den Medien in den Vordergrund gerückt werden, fließen mit höherer Wahrscheinlichkeit und größerem Gewicht in die Urteilsbildung der Rezipienten ein. Betonen die Massenmedien vor allem negative Attribute eines Politikers (unzuverlässig, unsympathisch, inkompetent etc.), fallen die Urteile der Rezipienten folglich negativ aus. Die Thematisierung von Attributen in den Medien und die Vorstellungen der Rezipienten von den Attributen lassen sich mit McCombs jeweils als Attribut-Agenden bezeichnen. Deshalb verwendet McCombs anstelle des Begriffs Second-Level Agenda-Setting seit einigen Jahren auch den Begriff *Attribute Agenda-Setting*.

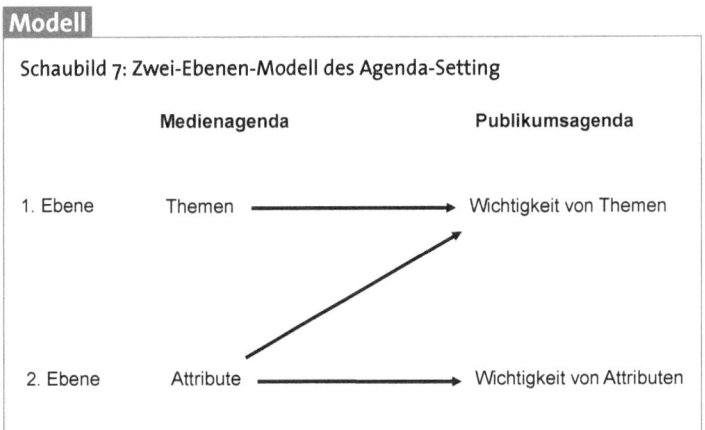

Modell

Schaubild 7: Zwei-Ebenen-Modell des Agenda-Setting

Empirische Studien

In einer der Pionierstudien zum Second-Level Agenda-Setting-Effekt verglichen McCombs und einige spanische Kollegen (McCombs u.a. 1997) die Darstellung von Politikern in den spanischen Fernsehnachrichten und zwei Lokalzeitungen mit den Vorstellungen, die knapp 300 Wähler von den Politikern hatten. Dabei wurde zwischen substanziellen Attributen (Persönlichkeitsmerkmale, politische Position) und affektiven Attributen (Bewertungen) unterschieden. Einfache Korrelationen auf Aggregatebene zeigten, dass sich die Attribute in der Medienberichterstattung und die Vorstellungen der Wähler ähnelten. Dies galt für die affektiven Attribute noch deutlich stärker als für die substanziellen.

Nachfolgeuntersuchungen haben seitdem verschiedene weitere Second-Level Agenda-Setting-Effekte belegt: Die Medienberichterstattung über verschiedene Länder prägt die Bevölkerungsmeinung über diese Länder (Wanta/Golan/Lee 2004). Die Gewichtung positiver und negativer Sachargumente in der Medienberichterstattung über lokale politische Konflikte schlägt sich in den Ansichten derjenigen nieder, die diese Medien besonders häufig nutzen, um sich über den Konflikt zu informieren (Kim/Scheufele/Shanahan 2002). Die in den Fernsehnachrichten erkennbare Gestik und Mimik von Politikern prägt die Urteile der Fernsehzuschauer über die Politiker (Coleman/Banning 2006). Die Medienberichterstattung über den Irak-Krieg beeinflusst die Urteile der Bevölkerung über den Krieg (Muddiman/Stroud/McCombs 2014).

Studien zum Attribute Agenda-Setting-Effekt belegen folglich überzeugend, dass Massenmedien nicht nur die Publikumsagenda, sondern auch die Einstellungen der Rezipienten beeinflussen. Dies belegen allerdings nicht nur Untersuchungen zum Attribute Agenda-Setting, sondern auch unzählige Untersuchungen, die Medienwirkungen auf Rezipientenurteile seit Jahrzehnten untersuchen, ohne auf das Theoriegerüst der Agenda-Setting-Forschung zu rekurrieren. Die Frage ist folglich nicht, ob Massenmedien die Einstellungen der Rezipienten beeinflussen. Die Frage ist vielmehr, ob es einen theoretischen Fortschritt bedeutet, die entsprechende Forschung in das Agenda-Setting-Konzept zu integrieren.

Third-Level Agenda-Setting

Zu Beginn der 2010er-Jahre entwickelte Maxwell McCombs gemeinsam mit seiner Doktorandin Lei Guo schließlich eine weitere Variante des Agenda-Setting-Ansatzes, das sogenannte Third-Level oder Network Agenda-Setting (NAS; im Überblick Guo 2012). Der Ansatz basiert auf der Idee, dass verschiedene Sachverhalte in den Köpfen der Menschen in einer Art Netzwerk miteinander verbunden sind. Folgt man dem Ansatz, wird diese Netzwerkstruktur von der Häufigkeit geprägt, mit der die entsprechenden Sachverhalte in der Medienberichterstattung verbunden werden. Bei diesen Sachverhalten kann es sich sowohl um Themen, als auch um Attribute handeln. Erscheinen in einem gegebenen Zeitraum also beispielsweise viele Medienbeiträge, in denen die Themen Umweltschutz und Arbeitslosigkeit gemeinsam auftreten, nehmen die Rezipienten diese beiden Themen als zusammengehörig wahr. Das in den Massenmedien vorhandenen Netzwerk von Themen wird sozusagen auf die Bevölkerung transferiert.

Agenda-Netzwerke

Obwohl der Ansatz erst vor wenigen Jahren entwickelt wurde, liegen dazu bereits relativ viele empirische Studien vor, die zudem ganz un-

Empirische Studien

terschiedliche Sachverhalte untersuchen. Für die erste Studie zum Third-Level Agenda-Setting reanalysierten Guo, Vu und McCombs (2012) Daten aus zwei lokalen Wahlkämpfen in Texas, die ursprünglich erhoben wurden, um das Second-Level Agenda-Setting zu untersuchen. Sie erfassten einerseits, welche Attribute eine lokale Tageszeitung den zur Wahl stehenden Kandidaten zuschrieb und wie häufig die Zuschreibungen bestimmter Eigenschaften in den Beiträgen gemeinsam auftraten. Andererseits wurden rund 400 Wähler gebeten, die Kandidaten mit Adjektiven zu beschreiben. Die Analysen zeigen einen relativ hohen Zusammenhang zwischen der Häufigkeit des gemeinsamen Auftretens der Kandidateneigenschaften in den Medien und in den Beschreibungen der Wähler. Spätere Studien zeigen auf diese Weise auch Einflüsse der Häufigkeit des gemeinsamen Auftretens von Themen in der Medienberichterstattung auf die Themennetzwerke in den Köpfen der Rezipienten (Vu/Guo/McCombs 2014), Einflüsse der Verknüpfung von Themen in politischen Kampagnenbotschaften auf die Verknüpfung von Themen in der Medienberichterstattung (Kiousis u.a. 2015) und wechselseitige Einflüsse der Verknüpfung von Themen in Nachrichtenagenturen, klassischen Nachrichtenmedien und Blogs (Vargo/Guo 2016). Das Netzwerkmodell lässt sich folglich auf alle anderen Arten von Agenda-Setting-Effekten (First-Level, Second-Level, Agenda Building und Intermedia Agenda-Setting) anwenden.

Agenda-Setting als Metatheorie?

McCombs plädiert in neueren Publikationen dafür, den Agenda-Setting-Ansatz als eine Art Meta-Theorie zu betrachten, und unternimmt darüber hinaus den Versuch, den Agenda-Setting-Begriff, der lange eine spezifische Form der Medienwirkung bezeichnete, quasi als neuen Überbegriff für alle Arten von Medienwirkungen zu etablieren. Dabei ist es auf der einen Seite prinzipiell hilfreich, unterschiedliche kommunikationswissenschaftliche Theorien miteinander zu verbinden und in ein übergeordnetes Modell zu integrieren. Auf der anderen Seite hilft es wenig, altbekannten Effekten neue Namen zu geben und damit seit Jahrzehnten etablierte Begrifflichkeiten zu verwässern, wenn damit kein theoretischer Fortschritt verbunden ist.

An dieser Stelle soll deshalb dafür plädiert werden, insbesondere den Begriff des Second-Level- oder Attribute Agenda-Setting nicht unkritisch zu übernehmen, sondern den Agenda-Setting-Begriff nur für das Phänomen zu verwenden, das er ursprünglich bezeichnete: Die wechselseitige Beeinflussung der Themenagenden von Massenmedien, Politik und Bevölkerung. Andere Arten von Medienwirkungen sollten hiervon auch begrifflich abgegrenzt werden. Sie weisen Anknüpfungspunkte, Gemeinsamkeiten aber auch viele Unterschiede zum Agenda-

Setting-Konzept auf. Sie ergänzen den Ansatz und konkurrieren mit ihm. Die beiden konkurrierenden Ansätze, die mit dem Agenda-Setting-Konzept am engsten verwandt sind, werden im folgenden Kapitel diskutiert.

6. Verwandte/konkurrierende Ansätze

In diesem Kapitel geht es um zwei Medienwirkungstheorien, die besonders eng mit dem Agenda-Setting-Ansatz verwandt sind: den Priming-Ansatz, der Mitte der 1980er-Jahre quasi als Nebenprodukt einer experimentellen Agenda-Setting-Studie entstand, und den Framing-Ansatz, der etwa zur selben Zeit entwickelt wurde. Beide Ansätze knüpfen an den Agenda-Setting-Ansatz an, weil es auch hier um die Frage geht, wie in der Medienberichterstattung bestimmte Themen, Aspekte oder Eigenschaften hervorgehoben werden und welche Konsequenzen dies für die Urteilsbildung der Rezipienten hat. Zugleich gehen beide über den Agenda-Setting-Ansatz hinaus, weil sie nicht nur Wirkungen auf die Publikumsagenda, sondern auch auf die Einstellungen und Verhaltensweisen der Rezipienten unterstellen (siehe dazu ausführlich Price/Tewksbury 1997; Scheufele 2000).

Beide Ansätze können hier nur knapp und vergleichsweise oberflächlich behandelt werden. Dabei wird zunächst der jeweilige Ansatz kurz erläutert, dann die Unterschiede und Gemeinsamkeiten zum Agenda-Setting-Ansatz aufgezeigt und schließlich einige zentrale Befunde diskutiert. Für eine intensivere Diskussion sei hier auf die in dieser Reihe erschienene Grundlagenliteratur zu Priming (Scheufele 2016) und Framing (Matthes 2014) verwiesen.

Priming

Entdeckung des Effekts — Anfang der 1980er-Jahre führten Shanto Iyengar und Donald Kinder (1987) die erste experimentelle Agenda-Setting-Studie durch. Sie zeigten Versuchspersonen in mehreren Versuchsreihen speziell angefertigte Nachrichtensendungen, in denen bestimmte Themen (Arbeitslosigkeit, Verteidigung, Inflation usw.) überproportional vorkamen. Eine Vergleichsgruppe sah Nachrichtensendungen ohne Betonung einzelner Themen. Iyengar und Kinder erwarteten, dass diejenigen, die beispielsweise besonders viele Beiträge über Arbeitslosigkeit gesehen hatten, dieses Thema für wichtiger halten würden, als diejenigen, die die normale Sendung gesehen hatten. Diese Effekte traten mehr oder weniger auch ein.

Zugleich entdeckten die Autoren aber einen zweiten Effekt, den sie ursprünglich gar nicht erwartet hatten: Sie hatten die Probanden auch danach gefragt, wie sie die Leistung des amerikanischen Präsidenten in den verschiedenen Themenbereichen einschätzten und was sie insgesamt von ihm hielten. Als sie den Einfluss der Leistungsbewertungen in den einzelnen Themenbereichen auf den Gesamteindruck berechneten, stellten sie fest, dass die Versuchspersonen in den verschiedenen Gruppen ganz unterschiedliche Urteilskriterien verwendeten: Diejenigen, die zuvor Nachrichtensendungen gesehen hatten, in denen viele Beiträge über Arbeitslosigkeit enthalten waren, machten ihre Gesamturteile über den Präsidenten vor allem davon abhängig, ob sie glaubten, dass er die Arbeitslosigkeit senken kann. Diejenigen, die viele Beiträge über Verteidigungspolitik gesehen hatten, beurteilten ihn vor allem anhand seiner Kompetenz auf diesem Gebiet usw. In allen Fällen war dieser Einfluss auch deutlich größer als in der Kontrollgruppe, in der kein Thema besonders betont wurde.

Der Effekt konnte zudem dadurch verstärkt werden, dass die Zuständigkeit des Präsidenten für das jeweilige Thema in den Beiträgen explizit betont wurde. Ganz ähnliche Effekte zeigten sich schließlich, wenn nicht das Gesamturteil über den Präsidenten, sondern die Wahlabsicht als abhängige Variable untersucht wurde. Iyengar und Kinder bezeichneten diesen Effekt als Priming-Effekt: Wird ein Thema in den Medien besonders häufig berichtet („geprimed"), wird die vermutete Kompetenz eines Politikers auf diesem Themengebiet für die Gesamt-Urteilsbildung über ihn relevanter.

Wie kann man diese Befunde erklären? Wenn Menschen sich Urteile bilden oder Entscheidungen treffen wollen, stehen ihnen dazu theoretisch viele verschiedene Urteils- oder Entscheidungskriterien zur Verfügung, zu denen sie Vorstellungen oder Gedanken in ihrem Gedächtnis abgespeichert haben. Wollen sie sich beispielsweise ein Urteil über den Präsidenten bilden, könnten sie dafür seine Kompetenz auf unzähligen Politikfeldern (Wirtschaft, Innere Sicherheit, Außenpolitik, Sozialpolitik usw.) heranziehen. Dabei wird der Präsident auf den verschiedenen Themenfeldern unterschiedlich gut abschneiden – er mag z.B. Stärken im Bereich der Wirtschaftspolitik haben, aber im Bereich der Sozialpolitik eher als wenig kompetent betrachtet werden.

Theoretische Grundlagen

Um zu einer optimalen Entscheidung zu kommen, müssten die Wähler folglich alle relevanten Urteilskriterien und die dazugehörigen Vorstellungen heranziehen und gegeneinander abwägen. Dies ist jedoch aus zwei Gründen unwahrscheinlich: Erstens scheuen die meisten Menschen den Aufwand, der nötig wäre, um sich zu allen potenziellen Urteilskriterien Informationen zu verschaffen. Zweitens würde der Versuch einer solchen Urteilsbildung die menschlichen Informationsverarbeitungsfähigkeiten bei Weitem überfordern. Die Menschen ziehen deshalb bei ihrer Urteilsbildung nur wenige, im Extremfall sogar nur ein einziges Entscheidungskriterium heran, nämlich das Kriterium, das ihnen im Moment der Urteilsbildung besonders präsent bzw. zugänglich (accessible) ist. Zugänglich sind dabei vor allem jene Kriterien, zu denen die Menschen kürzlich Informationen erhalten haben.

Die Grundlagen zu diesen Überlegungen wurden in der Psychologie bereits in den 1970er-Jahren gelegt (Higgins/Rhodes/Jones 1977). Dabei verstand man unter einem Priming-Effekt zunächst ganz allgemein die Tatsache, dass einzelne Wissens- oder Vorstellungselemente durch Informationen zugänglicher gemacht werden, sodass sie verstärkt zur Urteils- oder Willensbildung beitragen. Neu an den Überlegungen von Iyengar und Kinder war folglich zweierlei: Zum einen beschrieben sie erstmals die herausgehobene Rolle der Massenmedien, weswegen der Ansatz zur Abgrenzung gegenüber den älteren psychologischen Theorien heute oft auch explizit als (politisches) *Medien-Priming* bezeichnet wird. Zum anderen beschränkten sich ihre Überlegungen auf einen klar abgegrenzten Sachverhalt: die Folgen der Betonung bestimmter politischer Sachthemen in der Medienberichterstattung für die politische Urteilsbildung der Rezipienten.

Priming und Agenda-Setting

Legt man diese enge Definition zugrunde, kann man Medien-Priming unmittelbar als Fortführung des Agenda-Setting-Ansatzes betrachten. In beiden Fällen liegt ein Accessibility-Effekt zugrunde (siehe auch Kapitel 1): Die Themen auf der Medienagenda sind für die Bevölkerung besonders leicht zugänglich. Im ersten Schritt führt dies dazu, dass die Rezipienten die entsprechenden Themen für besonders wichtig halten (Agenda-Setting). Im zweiten Schritt folgt daraus, dass sie sie auch stärker zur Urteilsbildung heranziehen (Priming).

Begriffe

Priming: kognitiver Prozess, bei dem bestimmte im Gedächtnis eines Rezipienten verfügbare Wissenseinheiten durch externe Informationen vorübergehend zugänglicher gemacht werden, sodass sie für die Rezeption, Interpretation und Beurteilung nachfolgender Informationen eher herangezogen werden

Politisches Medien-Priming: Spezialfall des allgemeinen Priming, bei dem die verstärkte Medienberichterstattung über ein politisches Sachthema (z.B. Arbeitslosigkeit) dazu führt, dass die vermutete Kompetenz eines Politikers bei diesem Sachthema für die Urteilsbildung über ihn und die Wahlentscheidung relevanter wird

Empirische Studien

Im Verlauf der 1990er-Jahre etablierte sich dieser relativ enge Priming-Begriff in der Kommunikationswissenschaft immer mehr. Neben einigen experimentellen Untersuchungen, die ähnlich angelegt waren wie Iyengar und Kinders Pionierstudie, wurden nun zunehmend auch Feldstudien durchgeführt. Gleich mehrere Untersuchungen (z.B. Iyengar/ Simon 1993; Krosnick/Brannon 1993) beschäftigten sich dabei mit der Popularität von George Bush zu Beginn der 1990er-Jahre. Sie zeigten übereinstimmend, dass die intensive Medienberichterstattung über den Golfkrieg zunächst dazu führte, dass Bush vor allem anhand seiner außenpolitischen Fähigkeiten beurteilt wurde. Nach Ende des Golfkrieges thematisierten die Medien dann aber überwiegend die schlechte wirtschaftliche Lage. Nun wurde Bush vor allem anhand seiner Wirtschaftskompetenz beurteilt. Da die Amerikaner Bush auf dem Gebiet der Außenpolitik viel und in der Wirtschaftspolitik wenig zutrauten, war die Änderung der Urteilskriterien der Wähler zugleich mit einem erheblichen Image-Verlust für Bush verbunden.

In den letzten Jahren lassen sich in der Forschung zum politischen Medien-Priming drei neue Tendenzen ausmachen: Erstens beschäftigen sich immer mehr Studien mit den Priming-Effekten von fiktiven Sendungen und Unterhaltungsformaten. So zeigten sich beispielsweise Priming-Effekte der Fernsehserie *The West Wing* über einen fiktiven US-Präsidenten auf die Beurteilung des echten Präsidenten (Holbert u.a. 2003) und Priming-Effekte von Auftritten von Politikern in Late Night Talkshows (Moy/Xenos/Hess 2006).

Zweitens beschäftigen sich neuere Studien zunehmend mit der Frage, ob politische Akteure Priming-Effekte bewusst steuern können. Aus Sicht politischer Akteure ist eine solche Strategie außerordentlich sinnvoll, weil kaum einem Politiker und kaum einer Partei für alle Sachfragen die Problemlösungskompetenz gleichermaßen zugeschrieben wird. Politiker profitieren folglich davon, wenn sie im Zusammenhang mit Problemen genannt werden, deren Lösung ihnen die Wähler zutrauen, weil sie dann auch insgesamt eher anhand ihrer Lösungskompetenz für diese Probleme beurteilt werden. Neuere Priming-Studien zeigen, dass Politiker durch Reden (Druckman/Holmes 2004) oder Fernsehdebatten (Maurer/Reinemann 2003; 2007) die Aufmerksamkeit der Wähler auf bestimmte Themen lenken und damit die Kriterien zu ihrer eigenen Beurteilung verändern können.

Drittens wird in neueren Studien der Begriff des politischen Medien-Primings zunehmend erweitert. So haben zuletzt einige Studien gezeigt, dass die Medienberichterstattung auch beeinflusst, welche Persönlichkeitseigenschaften von Politikern (Sympathie, Vertrauenswürdigkeit, Ehrlichkeit usw.) den Gesamteindruck von ihnen besonders stark prägen. Weil bei Politikerauftritten im Fernsehen Eindrücke von bestimmten Eigenschaften besonders häufig vermittelt werden, während andere nur selten erkennbar sind, legen die Rezipienten nach dem Ansehen

Erweitertes Priming-Modell

solcher Sendungen bei der Beurteilung der gezeigten Politiker andere Kriterien an als zuvor: Sie beziehen vor allem solche Eigenschaften in ihr Urteil ein, zu denen sie im Verlauf der Sendung viele Informationen erhalten haben. Dieses Phänomen kann man als *Image-Priming* bezeichnen (Mendelsohn 1996; Druckman/Holmes 2004).

Studien zum politischen Medien-Priming entfernen sich folglich zunehmend von der engen Definition, die Iyengar und Kinder etabliert haben, und nähern sich wieder der ursprünglichen, weiten Priming-Definition an. Geht man von diesem weiten Verständnis aus, lassen sich zugleich einige weitere seit Jahrzehnten diskutierte Fragen der politischen Kommunikationsforschung im Lichte der Priming-Theorie betrachten. Maurer und Reinemann (2003) haben hierfür ein mehrstufiges Modell zu Priming-Effekten in Wahlkämpfen entwickelt. Demnach beeinflusst die Medienberichterstattung auf der ersten Priming-Ebene, welche Sachthemen und Persönlichkeitseigenschaften die Gesamteindrücke von den Kandidaten beeinflussen. Auf der zweiten Priming-Ebene geht es um die Frage, ob Sachthemen oder Persönlichkeitseigenschaften insgesamt die Eindrücke von den Kandidaten stärker prägen. Auf der dritten Priming-Ebene geht es schließlich um die Frage, welche Rolle die Kandidaten im Vergleich zu den Parteien für die Wahlentscheidung spielen.

Schaubild 8 verdeutlicht dies an einem Beispiel: Dreht sich die Medienberichterstattung oder eine einzelne Sendung (hier ein TV-Duell) vor allem um die Glaubwürdigkeit der Kandidaten, führt dies im ersten Schritt dazu, dass die Vorstellungen von der Glaubwürdigkeit die Gesamturteile über die Kandidaten stärker prägen als andere Persönlichkeitseigenschaften. Im zweiten Schritt führt die Dominanz der Eindrücke von der Glaubwürdigkeit der Kandidaten anhand der Medienberichterstattung dazu, dass die Vorstellungen von der Persönlichkeit der Kandidaten insgesamt für die Urteilsbildung wichtiger werden als die Vorstellungen von der Sachkompetenz. Im dritten Schritt führt die Konzentration der Medienberichterstattung auf die Glaubwürdigkeit der Kandidaten schließlich dazu, dass die Meinungen über die Kandidaten eher als Kriterien für die Wahlentscheidung herangezogen werden als die Meinungen über die Parteien.

Schaubild 8: Ebenen des politischen Medien-Primings in Wahlkämpfen

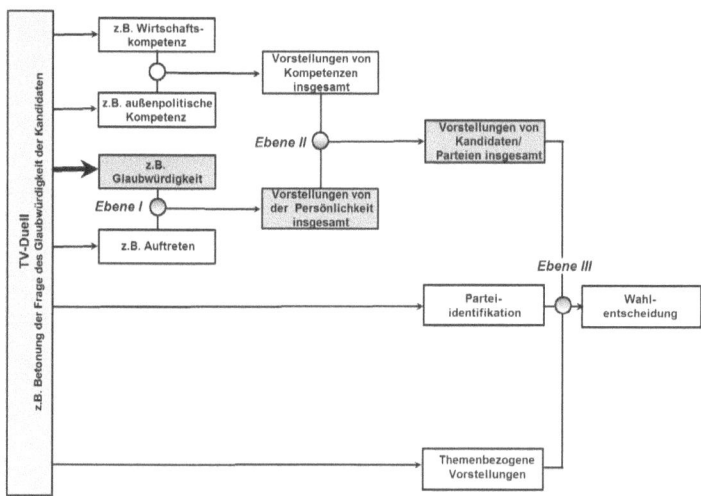

Quelle: Maurer/Reinemann 2003: 33

Die Autoren untersuchten das Modell anhand der TV-Duelle zwischen den beiden Kanzlerkandidaten in den Bundestagswahlkämpfen 2002, 2005 und 2009 (Maurer/Reinemann 2003; 2007; Reinemann u.a. 2013) und fanden Belege für alle drei Priming-Ebenen. Einige zentrale Fragen der Wahlforschung – beispielsweise die Frage nach dem Gewicht politischer und unpolitischer Kandidateneigenschaften für die Urteilsbildung über die Kandidaten und die Frage nach dem Gewicht von Kandidat und Partei für die Wahlentscheidung – lassen sich folglich durch die entsprechende Gewichtungen in der Medienberichterstattung und damit durch Priming-Effekte erklären.

Auch wenn sich ein Großteil der kommunikationswissenschaftlichen Priming-Forschung heute mit dem politischen Medien-Priming beschäftigt, lassen sich schließlich auch noch einige weitere Forschungsfelder ausmachen. Sie knüpfen an die psychologische Tradition der Priming-Forschung an und beschäftigen sich beispielsweise mit der Frage, ob gewalthaltige Medien-Primes Aggressivität fördern (Bushman 1998) oder das Priming von geschlechtsspezifischen oder ethnischen Stereotypen z.B. in Musikvideos nachfolgende Personenbeurteilungen beeinflusst (z.B. Hansen/Krygowski 1994).

Framing

Ein Frame ist allgemein gesprochen ein Bezugs- oder Interpretationsrahmen, der die Informationsverarbeitung erleichtert. Frames können

Arten von Frames

auf unterschiedlichen Stufen des Kommunikationsprozesses relevant werden: Sie finden sich erstens in den Köpfen der Kommunikatoren, beispielsweise Journalisten (*journalistische Frames*). Sie steuern neben anderen Faktoren die journalistische Nachrichtenauswahl, weil Journalisten eher über Ereignisse berichten, die ihren Erwartungen entsprechen, und sich bei ihrer Berichterstattung an etablierte Deutungsmuster halten. Frames finden sich zweitens in kommunikativen Botschaften, beispielsweise Medienbeiträgen (*Medienframes*). Ein Frame ist in diesem Fall die Perspektive, aus der ein Beitrag verfasst ist und die den Lesern bestimmte Interpretationen der thematisierten Sachverhalte nahelegt. Frames finden sich drittens auch in den Köpfen der Rezipienten (*Rezipientenframes*). Demnach interpretieren die Rezipienten neue Informationen im Lichte ihres Vorwissens und ihrer Voreinstellungen. Weil unterschiedliche Rezipienten über unterschiedliches Wissen und unterschiedliche Voreinstellungen verfügen, werden identische Informationen unterschiedlich wahrgenommen, verarbeitet und erinnert. Entman, Matthes und Pellicano (2009) betonen schließlich, dass sich Frames auch in der Kultur einer Gesellschaft finden. Demnach existieren bei allen individuellen Unterschieden zwischen den Mitgliedern einer Gesellschaft bestimmte dominierende Interpretationsweisen, die durch gesellschaftliche Eliten, Sozialisations- und Bildungsinstanzen, aber beispielsweise auch durch Film und Literatur längerfristig etabliert werden. Folgt man den Autoren, ist es dieser kulturelle Bezug, der einen Frame von einfachen Aussagen in der Medienberichterstattung unterscheidet.

Im Unterschied zu Agenda-Setting und Priming ist Framing folglich mehr als nur eine Medienwirkungshypothese. Es handelt sich vielmehr um eine spezielle Sicht auf den gesamten Kommunikationsprozess: auf die Nachrichtenauswahl, die Medieninhalte, ihre Wirkungen und Wirkungsbarrieren beim Rezipienten. Diese Stärke des Ansatzes ist zugleich allerdings auch seine größte Schwäche. Weil der Framing-Begriff so weit gefasst ist, wird er bis heute oft als vage und weitgehend beliebig empfunden – obwohl sich die Kommunikationswissenschaft in den letzten Jahren mit keinem anderen Ansatz so intensiv auseinandergesetzt hat (Weaver 2007). Weil diese Diskussion hier nicht vollständig wiedergegeben werden kann, beschränkt sich die Darstellung auf den Teilbereich der Framing-Forschung, der am engsten mit der Agenda-Setting-Forschung verbunden ist: Frames in den Medien und ihren Einfluss auf die Sichtweisen der Rezipienten.

Entman (1993: 52) definiert Medienframing als einen Prozess, bei dem einzelne Realitätsausschnitte so hervorgehoben werden, dass den Rezipienten bestimmte Problemdefinitionen, kausale Interpretationen, moralische Bewertungen oder Handlungsempfehlungen nahegelegt werden. Die Gemeinsamkeit zu Agenda-Setting und Priming besteht folglich darin, dass auch beim Framing bestimmte Realitätsaspekte (Themen, Argumente, Bewertungen usw.) hervorgehoben und damit den Rezipienten zugänglicher gemacht werden (Accessibility-Effekt). Hinzu kommt jedoch ein zweiter Schritt, den Price und Tewksbury (1997) als *Applicability-Effekt* bezeichnen: Die im Text vorgegebene Perspektive (Frame) aktiviert bestimmte Gedanken, Vorstellungen und Interpretationen der Rezipienten und lässt sie als besonders relevant für die Urteilsbildung erscheinen. Je nachdem, welche Aspekte sie relevant erscheinen lässt, fällt das Urteil der Rezipienten aus (Chong/Druckman 2007). So lässt sich beispielsweise der Krieg im Irak als Kampf gegen den Terrorismus oder als Angriffskrieg der Amerikaner framen. Dies kann explizit durch die Verwendung der genannten Begriffe geschehen oder z.B. auch dadurch, dass Terrorismus-Opfer bzw. Opfer der amerikanischen Angriffe gezeigt werden oder zu Wort kommen. Vermutlich wird der Terrorismus-Frame die Zustimmung zum Krieg deutlich erhöhen, weil die Rezipienten den Krieg fortan unter diesem Gesichtspunkt betrachten. Dies gilt auch dann, wenn der Krieg im Text nicht explizit befürwortet wird.

> **Begriffe**
>
> (Medien)-Framing: kognitiver Prozess, bei dem einzelne Realitätsausschnitte so hervorgehoben werden, dass den Rezipienten bestimmte Problemdefinitionen, kausale Interpretationen, moralische Bewertungen oder Handlungsempfehlungen nahegelegt werden

Framing und Agenda-Setting

Das Framing-Konzept weist folglich erhebliche Gemeinsamkeiten mit dem des Attribute Agenda-Setting (Kapitel 5) auf. In beiden Ansätzen geht es um die Frage, wie die Medien bestimmte Themen, Eigenschaften, Argumente usw. betonen und welche Konsequenzen dies für die Urteile der Rezipienten hat. McCombs (2014) argumentiert deshalb, ein Frame beschreibe ein Objekt und sei folglich nichts anderes als ein Spezialfall eines Attributs und Framing folglich ein Spezialfall des Attribute Agenda-Setting. Die Integration in das Agenda-Setting-Konzept sei notwendig, um die theoretischen Schwächen der Framing-Forschung zu beheben. Andere Autoren argumentieren dagegen, Framing sei deutlich weiter gefasst als Attribute Agenda-Setting. Eine Integration des Framing- in das Agenda-Setting-Konzept sei schon deshalb abzulehnen, weil die Entwicklung des Framing-Ansatzes eine Reaktion auf die theoretischen Schwächen der Agenda-Setting-Forschung gewesen sei (Reese 2007).

Diese Debatte kann hier weder vertieft noch aufgelöst werden. Bereits im vorherigen Kapitel wurde aber dafür plädiert, den Begriff des Attribute- oder Second-Level Agenda-Setting nicht unkritisch zu verwenden, weil es wenig hilfreich und Erfolg versprechend erscheint, die gesamte Medienwirkungsforschung unter dem Agenda-Setting-Begriff zu subsumieren. Der Framing-Begriff soll deshalb im Folgenden beibehalten, zugleich aber noch einmal betont werden, dass auch das Framing-Konzept von einer allgemein akzeptierten Theorie noch weit entfernt ist.

Identifizierung von Medienframes

Will man die Befunde zum Medienframing systematisieren, lassen sich zunächst zwei Gruppen von Studien unterscheiden: Einige Studien beschäftigen sich mit der Identifizierung von Medienframes, andere mit ihren Wirkungen. Die *Identifizierung von Medienframes* kann auf ganz unterschiedliche Arten geschehen: In manchen Studien werden die zu untersuchenden Frames im Vorfeld festgelegt, in anderen erst während der Untersuchung entwickelt. Manchmal werden Frames ganzheitlich erfasst, in anderen Studien über das Vorkommen einzelner Wörter und Wortkombinationen in einem Text ermittelt (Matthes/Kohring 2008). Grob lassen sich generische und themenspezifische Frames unterscheiden. Generische Frames sind themenunabhängig und können in der gesamten Medienberichterstattung auftreten. Zu den häufigsten gehören der Konflikt-Frame, bei dem Konflikte zwischen verschiedenen Personen oder Gruppen in den Vordergrund gerückt werden, der Personalisierungs-Frame, bei dem Personen in den Mittelpunkt des Beitrags gestellt werden, der Konsequenzen-Frame, bei dem es um die Folgen einer Handlung oder Entscheidung geht, und der Verantwortungs-Frame, bei dem es darum geht, wer für ein Problem verantwortlich ist. Diese und andere generische Frames finden sich beispielsweise in Studien zur Medienberichterstattung über Wahlen (z.B. Semetko/Valkenburg 2000) oder zur Kriegsberichterstattung (Esser/Schwabe/Wilke 2005).

Themenspezifische Medienframes finden sich zuerst in zwei Pionierstudien zum Framing-Ansatz: Gamson und Modigliani (1989) untersuchten die Berichterstattung über Kernenergie nach dem Reaktorunfall in Tschernobyl und identifizierten mehrere unterschiedliche Frames: So stellten die Beiträge z.B. entweder den technischen Fortschritt, die wirtschaftlichen Vor- und Nachteile oder die Risiken der Technologie in den Vordergrund. Entman (1991) untersuchte die Berichterstattung über den Abschuss eines koreanischen Verkehrsflugzeugs durch die damalige Sowjetunion und einen vergleichbaren Fall, in dem die USA ein iranisches Verkehrsflugzeug abschossen. Die Berichte über beide Unglücke wurden von den US-Medien vollkommen unterschiedlich geframed: Während der Abschuss der koreanischen Maschine in den Berichten wie ein bewusster Angriff erschien, suggerierten die Medien im Falle der abgeschossenen iranischen Maschine einen bedauerlichen Unfall. In weiteren Untersuchungen wurden beispielsweise themenspezifische Frames im Kontext der Kriegsberichterstattung (Fröhlich/Scherer/Scheufele 2007), der Debatte über die Risiken und Chancen der Nanotechnologie (Donk u.a. 2012) oder der Berichterstattung über die Reaktorkatastrophe in Fukushima (Kepplinger/Lemcke 2014) untersucht. In allen Fällen lassen sich mehrere Frames identifizieren, die das Geschehen jeweils in einem völlig anderen Licht erscheinen lassen.

Weitaus mehr Studien beschäftigen sich mit den *Wirkungen von Medienframes*. In einer wegweisenden Studie hierzu untersuchte Shanto Iyengar (1991) mit mehreren Experimenten die Wirkungen von episodischen und thematischen Frames. Dabei verstand er unter einem episodischen Frame die Tatsache, dass ein Problem in einem Beitrag durch Verweise auf Einzelschicksale illustriert wird, während es in einem thematischen Frame abstrakt behandelt wird. Seine Analysen zeigen, dass Menschen, die Beiträge mit episodischen Frames gesehen hatten, die Verantwortung für die Verursachung und Lösung der dargestellten Probleme eher bei Einzelnen sahen, während diejenigen, die Beiträge mit thematischen Frames gesehen hatten, eher den Staat in der Verantwortung sahen. Das ist vor allem auch deshalb bemerkenswert, weil der Text gar keine expliziten Verantwortungszuschreibungen enthielt. Das Framing eines Beitrags führt folglich auch dazu, dass die Rezipienten inhaltlich passende Schlüsse ziehen, die im Text nicht explizit gezogen werden.

Wirkungen von Medienframes

Wie generische Frames die Urteilsbildung der Rezipienten beeinflussen, haben erstmals Price, Tewksbury und Powers (1997) untersucht. Sie verfassten drei fiktive Medienbeiträge, in denen sie jeweils ein und dasselbe Problem (Kürzungen des Budgets der Universität Michigan) aus drei unterschiedlichen Perspektiven präsentierten. Anschließend sollten die Versuchspersonen alle Gedanken aufschreiben, die sie während des Lesens des Beitrags hatten. Wie erwartet, notierten diejenigen, die den Beitrag in der Konflikt-Frame-Version gelesen hatten, vor allem konfliktbezogene Gedanken, diejenigen, die ihn in der Personalisierungs-Frame-Version gelesen hatten, vor allem Gedanken über die handelnden Personen und diejenigen, die ihn in der Konsequenzen-

Frame-Version gelesen hatten, vor allem Gedanken über die Folgen der Entscheidung. Die Befunde belegen folglich eindrucksvoll, dass Frames in den Medien steuern, welche Gedanken bei den Rezipienten aktiviert werden.

Dass sich dies auch auf ihre Meinungsbildung auswirkt, ist durch viele andere Studien gut belegt. Sie zeigen beispielsweise, dass Menschen politikverdrossen werden, wenn sie Medienbeiträge rezipiert haben, die Politik unter strategischen und nicht unter thematischen Gesichtspunkten präsentieren (Strategie-Frame; Capella/Jamieson 1997), dass Menschen eher bereit sind, ein Gesetz zur Legalisierung des Waffenbesitzes zu unterstützen, wenn ihnen nahegelegt wird, es unter dem Gesichtspunkt der Rechte von Waffenbesitzern und nicht unter dem Gesichtspunkt der öffentlichen Sicherheit zu betrachten (Haider-Markel/Joslyn 2001), und dass Menschen die Stammzellenforschung eher befürworten, wenn sie Medienbeiträge gelesen haben, die die Chancen der Stammzellenforschung und nicht ihre ethischen Probleme in den Vordergrund rücken (Shen 2004).

Besonders wirksam sind diese Medienframes, wenn sie zu den bereits etablierten Rezipientenframes passen. Widersprechen die neuen Informationen dagegen den bereits etablierten Vorstellungen, werden diese mit geringerer Wahrscheinlichkeit wahrgenommen oder schneller wieder vergessen. In dieser Hinsicht knüpfen die Befunde der Framing-Forschung unmittelbar an ältere Überlegungen zur selektiven Wahrnehmung (Kapitel 2) und neuere Modelle der Persuasionsforschung (ELM; Kapitel 4) an. Alle drei theoretischen Zugänge versuchen auf unterschiedliche Art zu erklären, warum einmal etablierte Einstellungen durch neue Informationen nur schwer zu ändern sind. Während das ELM allerdings klare Aussagen darüber macht, unter welchen Bedingungen dies der Fall ist, steht der Framing-Ansatz diesbezüglich noch am Anfang der Theoriebildung.

Framing als Instrument gesellschaftlicher Akteure

Am Ende dieses Abschnitts soll noch einmal darauf hingewiesen werden, dass Framing-Effekte nicht nur von der Medienberichterstattung ausgehen. Framing ist zugleich ein wirkungsvolles Instrument politischer oder anderer gesellschaftlicher Akteure. In gesellschaftlichen Diskursen profitieren diejenigen, denen es gelingt, ihre Frames in der Öffentlichkeit zu etablieren. So wird eine Regierung, die die Steuern erhöhen will, davon profitieren, wenn es ihr gelingt, dies als Maßnahme zur Senkung der Staatsverschuldung darzustellen. Gelingt es allerdings der Opposition, in der Öffentlichkeit die Sichtweise zu etablieren, dass die Steuererhöhung zu Lasten der Bürger geht, wird sie selbst davon profitieren. In der Framing- stellen sich folglich dieselben Fragen wie in der Agenda-Setting-Forschung: Wie und unter welchen Bedingungen beeinflussen die Massenmedien oder politische Akteure die Etablierung von Frames in der Gesellschaft? Wie beeinflussen sich die Frames von Medien und Politik gegenseitig? Auch hier steht die Framing-Forschung allerdings noch am Anfang.

Fallbeispiele

Der Kampf um politische Begriffe

Wer Akzeptanz für die Aufnahme von Einwanderern schaffen möchte, wird diese als „Flüchtlinge" bezeichnen, weil in diesem Begriff ihre Schutzbedürftigkeit mitschwingt. Wer sich gegen Kernenergie ausspricht, wird den Begriff „Atomkraft" verwenden, weil dieser Begriff bedrohlicher klingt als der Begriff Kernenergie. Wer Unterstützung für ein umstrittenes Gesetz schaffen will, wird es „Bürgerentlastungsgesetz" nennen, weil dieser Begriff positive Folgen für die Bürger nahelegt. In der politischen Diskussion wird bereits mit sehr einfachen Mitteln Framing betrieben, indem versucht wird, eindeutig positiv oder negativ besetzte Begriffe in der Öffentlichkeit zu etablieren, damit die Bevölkerung die Sachverhalte, um die es geht, in diesem Licht betrachtet und ihre Urteile und Verhaltensweisen entsprechend anpasst.

7. Fazit: Die gesellschaftliche Relevanz des Agenda-Setting-Effekts

Der Kampf um die Agenda

In dem preisgekrönten Hollywood-Film *Wag the dog* droht der amerikanische Präsident, kurz vor der Wahl Opfer eines Sex-Skandals zu werden. Seine Berater inszenieren darauf für die Medien einen fiktiven Krieg gegen Albanien, um die Aufmerksamkeit der Wähler von den persönlichen Problemen des Präsidenten abzulenken. Auch wenn es sich hierbei natürlich um eine Zuspitzung handelt, hat der Film einen wahren Kern: Politiker und Vertreter anderer Interessengruppen versuchen, die Aufmerksamkeit der Menschen für bestimmte Probleme zu wecken, wenn sie davon profitieren, und zu senken, wenn sie ihnen schadet. Weil sie kaum eine Chance haben, die Menschen direkt zu erreichen, versuchen sie, die Medienagenda in ihrem Sinne zu beeinflussen – durch inszenierte Ereignisse, Pressemitteilungen oder Hintergrundgespräche mit befreundeten Journalisten. Journalisten, die ihre Unabhängigkeit in Gefahr sehen und zudem eigene Interessen bei der Nachrichtenauswahl verfolgen, versuchen, selbst Themen zu setzen, die sie beschäftigen, oder von denen sie glauben, dass sie die Rezipienten interessieren. Unzählige Studien zum Agenda-Setting-Effekt zeigen, dass sich die Menschen vor allem mit den Problemen beschäftigen, über die sie viele Informationen aus den Massenmedien erhalten. Wer den Kampf um die Medienagenda gewinnt, bestimmt folglich, worüber sich die Bevölkerung Gedanken macht, und kann daraus weit reichende Vorteile ziehen. Dieses Kapitel beschäftigt sich deshalb abschließend mit der Frage nach der gesellschaftlichen Relevanz des Agenda-Setting-Effekts.

Funktionalität von Agenda-Setting-Effekten

Agenda-Setting-Effekte sind in vielerlei Hinsicht funktional für eine Gesellschaft. Die Medienberichterstattung macht die Rezipienten im Idealfall auf dringliche Probleme aufmerksam und erzeugt bei halbwegs konsonanter Medienberichterstattung einen gesellschaftlichen Konsens darüber, welche Themen wichtig sind und welche Probleme gelöst werden müssen. Diese Warn- und Integrationsfunktion können in einer modernen Gesellschaft im Grunde nur noch die Massenmedien wahrnehmen, weil sie die mit Abstand wichtigste Informationsquelle der Bürger sind. Funktional ist dies allerdings nur dann, wenn sich die Massenmedien vor allem den Themen zuwenden, die objektiv betrachtet die größte Relevanz besitzen – andernfalls beschäftigen sich die Menschen mit irrelevanten Themen und verlieren die dringlichen Probleme aus den Augen. Die Frage nach der Funktionalität des Agenda-Setting-Effekts ist folglich eng verbunden mit der Frage nach der Objektivität der journalistischen Nachrichtenauswahl.

7. Fazit: Die gesellschaftliche Relevanz des Agenda-Setting-Effekts

Agenda-Setting und Nachrichtenauswahl

Die Relevanz eines Themas kann – bei allen Problemen, die damit verbunden sind – am ehesten durch einen Vergleich der Berichterstattung mit medienexternen Realitätsindikatoren ermittelt werden (Kapitel 4). So spricht ein Anstieg in der Kriminalitätsstatistik für eine steigende Relevanz des Themas; sterben mehr Menschen an den Folgen des Rauchens als an den Folgen des Rindfleischkonsums, ist ersteres ein relevanteres Problem usw. Solche Realitätsindikatoren können niemals die Relevanz eines Ereignisses exakt wiedergeben, stellen aber die bestmögliche Annäherung an die Realität dar. Vergleiche der Medienagenda mit externen Realitätsindikatoren zeigen immer wieder, dass die Massenmedien Themen und Ereignisse oft nicht entsprechend ihrer tatsächlichen Relevanz wiedergeben.

Die Gründe hierfür liegen einerseits im Journalismus selbst: Die typischen Kriterien der journalistischen Nachrichtenauswahl – die sogenannten Nachrichtenfaktoren (siehe auch Maier/Stengel/Marschall 2010) – führen dazu, dass Massenmedien erstens über neue Ereignisse mit größerer Wahrscheinlichkeit berichten als über bereits länger andauernde. Dies erklärt beispielsweise, warum die Rinderkrankheit BSE im Jahre 2001 von der Medienagenda verdrängt wurde, obwohl das Problem noch nicht gelöst war.

Nachrichtenfaktoren führen zweitens dazu, dass Medien über außergewöhnliche Ereignisse mit größerer Wahrscheinlichkeit berichten als über alltägliche. Dies erklärt beispielsweise, warum nach dem besonders brutalen Anschlag auf einen Rentner in der Münchner U-Bahn Ende 2007 intensiv über Jugendkriminalität berichtet wurde, obwohl die Jugendkriminalität insgesamt zu diesem Zeitpunkt abgenommen hatte.

Nachrichtenfaktoren führen drittens dazu, dass über Ereignisse und Themen, die mit prominenten Personen verbunden sind, eher berichtet wird als über Ereignisse ohne Prominente. Dies erklärt beispielsweise, warum über die Krankheit AIDS in den 1980er-Jahren intensiv berichtet wurde, nachdem ihr einige Prominente zum Opfer gefallen waren, während andere Krankheiten, die keine prominenten Opfer fordern, nicht auf die Medienagenda gelangen.

Nachrichtenfaktoren führen viertens dazu, dass über negative Ereignisse mit größerer Wahrscheinlichkeit berichtet wird als über positive. Dies erklärt beispielsweise, warum die Arbeitslosigkeit vor allem thematisiert wird, wenn sie steigt, aber kaum, wenn sie sinkt.

Schließlich führen Nachrichtenfaktoren dazu, dass über Ereignisse, die sich gut visualisieren lassen, mit größerer Wahrscheinlichkeit berichtet wird, als über Ereignisse, zu denen keine Bilder vorliegen. Dies erklärt beispielsweise, warum über Flutkatastrophen, die lang andauern und dramatische Bilder liefern, deutlich intensiver berichtet wird als über Erdbeben, die meist schon vorbei sind, wenn die Kamerateams eintreffen.

Einflüsse gesellschaftlicher Akteure

Die Gründe dafür, dass Massenmedien Themen und Ereignisse oft nicht entsprechend ihrer tatsächlichen Relevanz aufgreifen, liegen häufig aber auch außerhalb des Journalismus: Gesellschaftliche Akteure versuchen, die Themen, die ihnen am Herzen liegen, oder von deren öffentlicher Präsenz sie sich Vorteile erhoffen, in die Medien und damit in die Öffentlichkeit zu tragen. Dabei kann es sich um Politiker handeln, aber auch um Vertreter der unterschiedlichsten Interessengruppen (Wirtschaftsvertreter, Umweltschützer, Kirchen usw.). Dabei sitzen Journalisten prinzipiell am längeren Hebel, weil die Selektionsentscheidung letztlich bei ihnen liegt. Dennoch führen gut gemachte PR, persönliche Beziehungen und gelegentlich auch organisatorische und finanzielle Gründe dazu, dass Journalisten sich bei ihrer Themenwahl durch gesellschaftliche Akteure beeinflussen lassen.

Dysfunktionalität von Agenda-Setting-Effekten

Insgesamt spricht folglich einiges dafür, dass Agenda-Setting-Effekte für eine Gesellschaft auch dysfunktional sein können, weil die Rezipienten anhand der Medienberichterstattung oft falsche Vorstellungen von der Dringlichkeit politischer Probleme erhalten. Gelegentlich wird argumentiert, dies sei nicht weiter problematisch, weil es nicht schaden könne, wenn die Menschen auch auf weniger dringliche Probleme aufmerksam würden. Diese Argumentation ignoriert jedoch, dass sich die Aufmerksamkeit der Rezipienten nur auf relativ wenige Themen konzentrieren kann. Jedes weniger dringliche Problem, über das die Medien intensiv berichten, verdrängt folglich ein dringlicheres aus der öffentlichen Wahrnehmung. Berichten die Medien intensiv über wenige BSE-Tote, essen die Menschen zwar kein Rindfleisch mehr, rauchen aber weiter, obwohl die Gefahr des Rauchens wesentlich größer ist. Berichten die Medien intensiv über den drohenden Klimawandel, geraten andere globale Probleme wie Hunger und Armut in Vergessenheit.

Die Befunde zum Agenda-Setting-Ansatz machen folglich deutlich, welch entscheidende Rolle den Massenmedien bei der gesellschaftlichen Problemwahrnehmung zukommt. Dies gilt umso mehr, als der Agenda-Setting-Effekt vermutlich nur am Anfang einer Wirkungskette steht, die viel weitreichendere Folgen hat (dazu ausführlich Geiß 2015): Aus der Tatsache, dass Menschen BSE für ein wichtiges Problem halten, folgen mit hoher Wahrscheinlichkeit dazu passende Einstellungen und Verhaltensweisen, in diesem Fall beispielsweise der Verzicht auf

Rindfleisch. Dies wiederum hat erhebliche Folgen für die Bauern und Händler, die vom Verkauf des Rindfleischs leben. Zugleich muss sich die Zigarettenindustrie um ihren Absatz keine Sorgen machen, weil die Gefahren des Rauchens nicht thematisiert werden. Aus der Tatsache, dass Menschen den Klimawandel für ein wichtiges Problem halten, folgt vermutlich, dass sie für Umweltschutzprojekte spenden, statt für die Bekämpfung von Hungersnöten. Dabei nehmen sie keine rationale Abwägung vor, die man womöglich als zynisch betrachten könnte. Die Hungersnöte sind ihnen schlicht nicht präsent, weil sie in den Medien nicht thematisiert werden.

Diese gesellschaftlichen Folgen des Agenda-Setting-Effekts sind den Journalisten vermutlich gar nicht bewusst. Sie entstehen durch Handlungsroutinen, die so lange eingeübt werden, bis sie selbstverständlich erscheinen. Für die Rezipienten ist es kaum möglich, sich die unbewusst ablaufenden Wirkungsprozesse bewusst zu machen. Studien zum Agenda-Setting-Effekt zeigen diese Probleme aber auf und können folglich für alle Beteiligten ein erster Schritt zu einem verantwortungsvollen Umgang mit dem gesellschaftlichen Problembewusstsein sein.

Eine weitgehend offene Frage ist allerdings, ob journalistische Nachrichtenmedien ihre zentrale Rolle im Agenda-Setting-Prozess in Zukunft überhaupt behalten werden. Auch wenn soziale Netzwerke in Deutschland heute noch keine besonders große Rolle für die politische Kommunikation spielen, wird sich dies zukünftig möglicherweise ändern, weil sie vor allem für junge Menschen, die mit Online-Medien aufgewachsen sind, bereits jetzt eine relativ wichtige Informationsquelle darstellen. Wenn Politiker, Interessengruppen und selbst einzelne Bürger über soziale Netzwerke in Zukunft eine große Zahl von Menschen auch ohne den Umweg über journalistische Nachrichtenmedien direkt erreichen könnten, würde dies die Rolle klassischer Nachrichtenmedien im Agenda-Setting-Prozess erheblich schwächen. Die Medienagenda träte dann in Konkurrenz zu den Agenden vieler anderer Kommunikatoren, die ähnlich große Reichweiten und damit ein ähnlich starkes Wirkungspotenzial besäßen. In diesem Fall würde die Stärke von Agenda-Setting-Effekten vermutlich maßgeblich von der Glaubwürdigkeit der jeweiligen Kommunikatoren abhängen. Welche Rolle journalistische Nachrichtenmedien in Zukunft für den Agenda-Setting-Prozess und für die Gesellschaft insgesamt spielen, wird folglich maßgeblich davon abhängen, ob es ihnen weiterhin gelingt, von der Bevölkerung als glaubwürdig wahrgenommen zu werden.

Die zukünftige Rolle von Nachrichtenmedien

8. „Top Ten" der Forschungsliteratur

1. McCombs/Shaw (1972)
Die Studie, die den Begriff Agenda-Setting prägte und den Effekt zum ersten Mal empirisch belegte. Trotz Schwächen in der empirischen Umsetzung (Querschnittdaten, keine Repräsentativbefragung) ist die sogenannte Chapel Hill-Studie *der* Klassiker der Agenda-Setting-Forschung und eine der meistzitierten kommunikationswissenschaftlichen Studien überhaupt.

2. Funkhouser (1973)
Die zweite Pionierstudie der Agenda-Setting-Forschung, obwohl der Begriff Agenda-Setting darin überhaupt nicht vorkommt. Sie enthält zum ersten Mal Längsschnittdaten (Medieninhalte und Bevölkerungsmeinung im Verlauf der 1960er-Jahre) und den ersten Vergleich der Medienagenda mit externen Realitätsindikatoren. Trotz einiger Schwächen ist sie der Chapel Hill-Studie methodisch weit überlegen, wird aber deutlich weniger zitiert.

3. McLeod/Becker/Byrnes (1974)
Eine der meistzitierten frühen Agenda-Setting-Studien, weil hier zum ersten Mal vom klassischen Untersuchungsdesign – Vergleich von Medien- und Publikumsagenda auf Aggregatdatenebene – abgewichen wurde. In der Studie werden Unterschiede in den Agenden von Nutzern unterschiedlicher Tageszeitungen untersucht. Sie kann deshalb als erster, wenn auch methodisch noch unzureichender, Schritt zur Analyse individueller Agenda-Setting-Effekte betrachtet werden.

4. Shaw/McCombs (1977)
Erste Agenda-Setting-Publikation in Buchform. Anhand einer dreiwelligen Panelbefragung im US-Wahlkampf 1972 wird der Effekt umfassend und systematisch überprüft. In den verschiedenen Buchkapiteln werden sowohl theoretische Weiterentwicklungen vorgestellt (z.B. die Unterscheidung in Awareness-, Salience- und Priorities-Modell), als auch ausführliche Analysen präsentiert (z.B. zu den Effekten von Presse und Fernsehen im Vergleich).

5. Erbring/Goldenberg/Miller (1980)
Erste Agenda-Setting-Studie, in der Medieninhalts- und Befragungsdaten auf Individualdatenebene verknüpft werden. Erhebliche theoretische und methodische Fortschritte, z.B. durch ein ausgesprochen großes Mediensample (Titelseiten von über 90 Tageszeitungen) und die Einbeziehung vieler relevanter Drittvariablen. Der große Aufwand

führt allerdings zu einem scheinbar ernüchternden Befund: Auf der Individualebene werden kaum Agenda-Setting-Effekte festgestellt.

6. Iyengar/Kinder (1987)

Erste experimentelle Agenda-Setting-Studie. Obwohl auch Agenda-Setting-Effekte festgestellt werden, vor allem deshalb bemerkenswert, weil quasi nebenbei das (politische) Medien-Priming entdeckt wird: Die Rezipienten beurteilen Politiker vor allem anhand ihrer wahrgenommenen Kompetenz auf den Themengebieten, über die die Medien häufig berichten.

7. Kepplinger/Gotto/Brosius/Haak (1989)

Erste Studie, die mithilfe von langfristigen Zeitreihenanalysen nonlineare Agenda-Setting-Modelle untersucht. Die (implizite) Annahme vieler Studien, nach der zwischen der Zunahme der Berichterstattung über ein Thema und dessen Wichtigkeit auf der Bevölkerungsagenda eine lineare Beziehung besteht, erweist sich als nicht immer zutreffend. Je nach Thema laufen Agenda-Setting-Prozesse ganz unterschiedlich ab (Schwellen-Modell, Echo-Modell usw.). Parallel dazu erscheint eine ähnliche Studie in den USA (Neuman 1990).

8. Rössler (1997)

Erste methodisch vollends überzeugende Agenda-Setting-Studie auf Individualdatenebene. Durch die Verknüpfung von Inhaltsanalysedaten einer Vielzahl von Medien und einer zweiwelligen Panelbefragung kann die Entstehung der individuellen Rezipientenagenden genau nachvollzogen werden. Erneut zeigt sich, dass Agenda-Setting-Effekte auf der Individualebene deutlich schwächer und oft kaum nachweisbar sind. Dagegen zeigt sich ein relativ stabiler Einfluss interpersonaler Kommunikation in sozialen Netzwerken. Die Ursachen hierfür werden ausführlich diskutiert.

9. McCombs/Llamas/Lopez-Escobar/Rey (1997)

Erste bedeutende Studie zum sogenannten Second-Level- oder Attribute Agenda-Setting und somit ein wichtiger Wendepunkt in der Agenda-Setting-Forschung. Von nun an geraten auch Medienwirkungen auf Einstellungen in den Fokus der Agenda-Setting-Forschung. Die Versuche, den Agenda-Setting-Begriff auf andere Arten von Medienwirkungen auszudehnen und vor allem das Framing-Konzept zu vereinnahmen, bleiben bis heute umstritten.

10. Guo (2012)

Erste Publikation zu den theoretischen Hintergründen und möglichen Untersuchungsstrategien im Zusammenhang mit dem Third-Level oder Network Agenda-Setting. Demnach nehmen die Rezipienten Themen oder Attribute als verbunden wahr, wenn sie in der Medienberichterstattung gemeinsam auftreten. Einige Monate früher erscheint in einem eher entlegenen Journal und deshalb seltener zitiert die erste empirische Studie zu diesem Effekt (Guo/Vu/McCombs 2012).

Literatur

Ader, C. (1995). A longitudinal study of agenda-setting for the issue of environmental pollution. Journalism & Mass Communication Quarterly, 72, 300–311.

Althaus, S. L., & Tewksbury, D. (2002). Agenda setting and the "new" news. Patterns of issue importance on the paper and online versions of the New York Times. Communication Research, 29, 180–207.

Asp, K. (1983). The struggle for the agenda. Party agenda, media agenda, and voter agenda in the 1979 Swedish election campaign. Communication Research, 10, 333–355.

Atkinson, M. L., Lovett, J., & Baumgartner, F. R. (2014). Measuring the media agenda. Political Communication, 31, 355–380.

Behr, R. L., & Iyengar, S. (1985). Television news, real world cues and changes in the public agenda. Public Opinion Quarterly, 49, 38–57.

Brosius, H.-B. (1994). Agenda-Setting nach einem Vierteljahrhundert Forschung. Methodischer und theoretischer Stillstand? Publizistik, 39, 269–288.

Brosius, H.-B., & Kepplinger, H. M. (1995). Killer and victim issues. Issue competition in the agenda-setting process of German television. International Journal of Public Opinion Research, 7, 211–231.

Bulkow, K., Urban, J., & Schweiger, W. (2013). The duality of agenda-setting: The role of information processing. International Journal of Public Opinion Research, 25, 43–63.

Bushman, B. J. (1998). Priming effects of media violence on the accessibility of aggressive contructs in memory. Personality and Social Psychology Bulletin, 24, 537–545.

Capella, J. N., & Jamieson, K. H. (1997). The spiral of cynicism. The press and the public good. Oxford: University Press.

Chong, D., & Druckman, J. N. (2007). A theory of framing and opinion formation in competitive elite environments. Journal of Communication, 57, 99–118.

Cohen, B. (1963). The press and foreign policy. Princeton: Princeton University Press.

Coleman, R., & Banning, S. (2006). Network TV news' affective framing of the presidential candidates: Evidence for a second-level agenda-setting effect through visual framing. Journalism & Mass Communication Quarterly, 83, 313–328.

Coleman, R., & McCombs, M. E. (2007). The young and agenda-less? Exploring age-related differences in agenda setting on the youngest generation, baby boomers, and the civic generation. Journalism & Mass Communication Quarterly, 84, 495–508.

Conway, M. & Patterson, J. R. (2008). Today's top story? An agenda-setting and recall experiment involving television and internet news. Southwestern Mass Communication Journal, 24, 31–48.

Danielian, L. H., & Reese, S. D. (1989). A closer look at intermedia influences on agenda-setting: The cocaine issue of 1986. In P. J. Shoemaker (Hrsg.), Communication campaigns about drugs: Government, media, and the public (47–66). New Jersey: Erlbaum.

Dearing, J. W., & Rogers, E. M. (1996). Agenda-Setting. Thousand Oaks: Sage.

Donk, A., Metag, J., Kohring, M., & Marcinkowski, F. (2012). Framing emerging technologies. Risk perceptions of nanotechnology in the German press. Science Communication, 34, 5–29.

Druckman, J. N., & Holmes, J. W. (2004). Does presidential rhetoric matter? Priming and presidential approval. Presidential Studies Quarterly, 34, 755–778.

Edwards, G. C., & Wood, B. D. (1999). Who influences whom? The president, congress, and the media. American Political Science Review, 93, 327–344.

Eichhorn, W. (1996). Agenda-Setting-Prozesse. München: Reinhard Fischer.

Entman, R. M. (1991). Framing U.S. coverage of international news: Contrasts in narratives of the KAL and Iran Air accidents. Journal of Communication, 41(4), 6–28.

Entman, R. M. (1993). Framing: Toward clarification of a fractured paradigm. Journal of Communication, 43, 51–58.

Entman, R. M., Matthes, J., & Pellicano, L. (2009). Nature, sources, and effects of news framing. In K. Wahl-Jorgensen & T. Hanitzsch (Hrsg.), The handbook of journalism studies (pp. 175–190). New York/London: Routledge.

Erbring, L., Goldenberg, E. N., & Miller, A. H. (1980). Front-Page news and real-world cues. A new look at agenda-setting by the media. American Journal of Political Science, 24, 16–49.

Esser, F., Schwabe, C., & Wilke, J. (2005). Metaberichterstattung im Krieg. Wie Tageszeitungen die Rolle der Nachrichtenmedien und der Militär-PR in den Irakkonflikten 1991 und 2003 framen. Medien & Kommunikationswissenschaft, 53, 314–332.

Flaxman, S., Goel, S, & Rao, J. M. (2016). Filter bubbles, echo chambers, and online news consumption. Public Opinion Quarterly, 80, 298–320.

Fröhlich, R., Scherer, H., & Scheufele, B. (2007). Kriegsberichterstattung in deutschen Qualitätszeitungen. Eine inhaltsanalytische Langzeitstudie zu Framingprozessen. Publizistik, 52, 11–32.

Funkhouser, G. R. (1973). The issues of the sixties. An exploratory study in the dynamics of public opinion. Public Opinion Quarterly, 37, 62–76.

Gamson, W. A., & Modigliani, A. (1989). Media discourse and public opinion on nuclear power: A constructionist approach. American Journal of Sociology, 95, 1–37.

Geiß, S. (2015). Die Aufmerksamkeitsspanne der Öffentlichkeit. Eine Studie zu Dauer und Intensität von Meinungsbildungsprozessen. Baden-Baden: Nomos.

Gerbner, G., & Gross, L. (1976). Living with television: The violence profile. Journal of Communication, 26, 173–199.

Gonzenbach, W. J. (1992). A time series analysis of the drug issue, 1985–1990. The press, the president, and public opinion. International Journal of Public Opinion Research, 4, 126–147.

Gormley, W. T. (1975). Newspaper agendas and political elites. Journalism Quarterly, 52, 304–308.

Gross, K., & Aday, S. (2003). The scary world in your living room and neighborhood. Using local broadcast news, neighborhood crime rates, and personal experience to test agenda setting and cultivation. Journal of Communication, 53, 411–426.

Guo, L. (2012). The application of social network analysis in agenda setting research: A methodological exploration. Journal of Broadcasting & Electronic Media, 56, 616–631.

Guo, L. & McCombs, M. (2012). An expanded perspective on agenda-setting effects. Exploring the third level of agenda setting. Revista de Communicacion, 11, 51–68.

Guo, L., Vargo, C. J., Pan, Z., Ding, W, & Ishwar, P. (2016). Big social data analytics in journalism and mass communication comparing dictionary-based text analysis and unsupervised topic modelling. Journalism & Mass Communication Quarterly, 93, 332–359.

Haider-Markel, D. P., & Joslyn, M. R. (2001). Gun policy, opinon, tragedy, and blame attribution: The conditional influence of issue frames. Journal of Politics, 63, 520–543.

Hansen, C. H., & Krygowski, W. (1994). Arousal-Augmented priming effects. Rock music videos and sex object schemas. Communication Research, 21, 24–47.

Hayes, D. (2008). Does the messenger matter? Candidate-media agenda convergence and its effects on voter issue salience. Political Research Quarterly, 61, 134–146.

Higgins, E. S., Rhodes, W. S., & Jones, C. R. (1977). Category accessibility and impression formation. Journal of Experimental Social Psychology, 13, 141–154.

Hill, D. B. (1985). Viewer characteristics and agenda-setting by television news. Public Opinion Quarterly, 49, 340–350.

Holbert, R. L., Pillion, O., Tschida, D. A., Arnfield, G. G., Kinder, K., Cherry, K., & Daulton, A. (2003). The West Wing as endorsement of the U.S. presidency. Expanding the bounds of priming in political communication. Journal of Communication, 53, 427–443.

Hügel, R., Degenhardt, W., & Weiss, H. J. (1989). Structural equation models for the analysis of the agenda-setting process. European Journal of Communication, 4, 191–210.

Iyengar, S. (1991). Is anyone responsible? How television frames political issues. Chicago: University Press.

Iyengar, S., & Kinder, D. R. (1987). News that matters. Television and American opinion. Chicago: University Press.

Iyengar, S., & Simon, A. (1993). News coverage of the gulf crises and public opinion. Communication Research, 20, 365–383.

Karlsen, R. (2015). Followers are opinion leaders: The role of people in the flow of political communication on and beyond social networking sites. European Journal of Communication, 30, 301–318.

Kepplinger, H. M., Gotto, K., Brosius, H.-B., & Haak, D. (1989). Der Einfluss des Fernsehens auf die politische Meinungsbildung. Freiburg: Alber.

Kepplinger, H. M. & Lemke, R. (2014). Framing Fukushima. Zur Darstellung der Katastrophe in Deutschland im Vergleich zu Großbritannien, Frankreich und der Schweiz. In J. Wolling & D. Arlt (Hrsg.), Fukushima und die Folgen – Medienberichterstattung, Öffentliche Meinung, Politische Konsequenzen (S. 125–152). Ilmenau: Universitätsverlag.

Kim, S.-H., Scheufele, D., & Shanahan, J. (2002). Think about it this way: Attribute agenda-setting function of the press and the public's evaluation of a local issue. Journalism & Mass Communication Quarterly, 79, 7–25.

Kim, Y., Gonzenbach, W. J., Vargo, C. J., & Kim, Y. (2016). First and second levels of intermedia agenda setting: Political advertising, newspapers, and twitter during the 2012 U. S. presidential election. International Journal of Communication, 10, 4550–4569.

Kiousis, S., Kim J. Y., Ragas, M., Wheat, G., Kochhar, S., Svensson, E., & Miles, M. (2015). Exploring new frontiers of agenda building during the 2012 presidential election pre-convention period: Examining linkages across three levels. Journalism Studies, 363–382.

Klapper, J. T. (1960). The effects of mass communication. Glencoe: Free Press.

Kosicki, G. M. (1993). Problems and opportunities in agenda-setting research. Journal of Communication, 43, 100–127.

Krause, B., & Gehrau, V. (2007). Das Paradox der Medienwirkung auf Nichtnutzer. Eine Zeitreihenanalyse auf Tagesbasis zu den kurzfristigen Agenda-Setting-Effekten von Fernsehnachrichten. Publizistik, 52, 191–209.

Krosnick, J. A., & Brannon, L. A. (1993). The impact of war on the ingredients of presidential evaluations. Multidimensional effects of political involvement. American Political Science Review, 87, 963–975.

Lang, G. E., & Lang, K. (1981). Watergate. An exploration of the agenda-building process. In G. C. Wilhoit & H. De Bock (Hrsg.), Mass Communication Review Yearbook (447–468). Beverly Hills: Sage.

Lazarsfeld, P. F., Berelson, B., & Gaudet, H. (1944). The people's choice. How the voter makes up his mind in a presidential campaign. New York: Duell, Sloane & Pearce.

Lim, J. (2006). A cross-lagged analysis of agenda setting among online news media. Journalism & Mass Communication Quarterly, 83, 298–312.

Lippman, W. (1922). Public Opinion. New York: Harcourt, Brace, and Company.

Maier, M., Stengel, K., & Marschall, J. (2010): Nachrichtenwert-Theorie. Baden-Baden: Nomos.

Mathes, R., & Czaplicki, A. (1993). Meinungsführer im Mediensystem: „Topdown"- und „Bottom-up"-Prozesse. Publizistik, 38, 153–166.

Mathes, R., & Pfetsch, B. (1991). The role of the alternative press in the agenda-building process: Spill-over effects and media opinion leadership. European Journal of Communication, 6, 33–62.

Matthes, J. (2008). Need for orientation as a predictor of agenda-setting effects: Causal evidence from a two-wave panel study. International Journal of Public Opinion Research, 20, 440–453.

Matthes, J. (2014): Framing. Baden-Baden: Nomos.

Matthes, J., & Kohring, M. (2008). The content analysis of media frames. Toward improving reliability and validity. Journal of Communication, 58, 258–278.

Maurer, M. (2004). Das Paradox der Medienwirkungsforschung. Verändern Massenmedien die Bevölkerungsmeinung, ohne Einzelne zu beeinflussen? Publizistik, 49, 405–422.

Maurer, M. & Holbach, T. (2016). Taking online search queries as an indicator of the public agenda. The role of public uncertainty. Journalism & Mass Communication Quarterly, 93, 572–586.

Maurer, M., & Reinemann, C. (2003). Schröder gegen Stoiber. Nutzung, Wahrnehmung und Wirkung der TV-Duelle. Wiesbaden: Westdeutscher Verlag.

Maurer, M., & Reinemann, C. (2007). Personalisierung durch Priming. Die Wirkung des TV-Duells auf die Urteilskriterien der Wähler. In M. Maurer, C. Reinemann, J. Maier & M. Maier (Hrsg.), Schröder gegen Merkel. Wahrnehmung und Wirkung des TV-Duells 2005 im Ost-West-Vergleich (111–128). Wiesbaden: VS-Verlag.

McClure, R. D., & Patterson, T. E. (1976). Print vs. network news. Journal of Communication, 26, 23–28.

McCombs, M. E. (1993). The evolution of agenda-setting research: Twenty-Five years in the marketplace of ideas. Journal of Communication, 43(2), 58–67.

McCombs, M. E. (1994). News influences on our pictures of the world. In J. Bryant & D. Zillmann (Hrsg.), Media effects: Advances in theory and research (1–16). Hillsdale: Erlbaum.

McCombs, M. E. (2014). Setting the agenda. The mass media and public opinion. 2nd Edition. Cambridge: Polity Press.

McCombs, M. E., Danielan, L, & Wanta, W. (1995). Issues in the news and public agenda: The agenda-setting tradition. In T. L. Glasser & J. T. Salmon (Hrsg.), Public opinion and the communication of consent (281–300). New York: Guilford Press.

McCombs, M. E., Llamas J. P., Lopez-Escobar, E., & Rey, F. (1997). Candidate images in Spanish elections. Second level agenda-setting effects. Journalism & Mass Communication Quarterly, 74, 703–717.

McCombs, M. E., & Shaw, D. L. (1972). The agenda-setting function of the mass media. Public Opinion Quarterly, 36, 176–187.

McLeod, J., Becker, L. B., & Byrnes, J. E. (1974). Another look at the agenda-setting function of the press. Communication Research, 2, 131–167.

Mellon, J. (2013). Where and when can we use Google Trends to measure issue salience? PS: Political Science & Politics, 46, 280–290.

Mendelsohn, M. (1996). The media and interpersonal communications. The priming of issues, leaders, and party identification. Journal of Politics, 58, 112–125.

Meraz, S. (2011). Using time series analysis to measure intermedia agenda-setting influence in traditional media and political blog networks. Journalism & Mass Communication Quarterly, 88, 176–194.

Miller, W. E., & Stokes, D. E. (1963). Constituency influences in congress. American Political Science Review, 57, 45–56.

Min, Y., Ghanem, S. I., & Evatt, D. (2007). Using a split-ballot survey to explore the robustness of the ‚MIP' question in agenda-setting research: A methodological study. International Journal of Public Opinion Research, 19, 221–236.

Moy, P., Xenos, M. A., & Hess, V. K. (2006). Priming effects of late-night comedy. International Journal of Public Opinion Research, 18, 198–210.

Muddiman, A., Stroud, N. J., & McCombs, Maxwell (2014). Media fragmentation, attribute agenda setting, and political opinions about Iraq. Journal of Broadcasting & Electronic Media, 58, 215–233.

Mutz, D. C. (1994). Contextualizing personal experience. The role of mass media. Journal of Politics, 56, 689–714.

Neuman, R. W. (1990). The threshold of public attention. Public Opinion Quarterly, 54, 159–176.

Neuman, R. W., Guggenheim, L., Mo Jang, S., & Bae, S. Y. (2014). The dynamics of public attention: Agenda-setting theory meets big data. Journal of Communication, 64, 193–214.

Noelle-Neumann, E. (1973). Return to the concept of powerful mass media. Studies of Broadcasting, 9, 67–112.

Noelle-Neumann, E., Kepplinger, H. M., & Donsbach, W. (1999). Kampa. Meinungsklima und Medienwirkung im Bundestagswahlkampf 1998. Freiburg/München: Alber.

Quiring, O. (2004). Wirtschaftsberichterstattung und Wahlen. Konstanz: UVK.

Pariser, E. (2011). The filter bubble. What the internet is hiding from you. New York: Penguin Press.

Petrocik, J. R. (1996). Issue ownership in presidential elections, with a case study. American Journal of Political Science, 40, 825–850.

Petty, R. E., Cacioppo, J. T. (1986). Communication and persuasion. Central and peripheral routes to attitude change. New York: Springer.

Pingree, R. J. & Stoycheff, E. (2013). Differentiating cueing from reasoning in agenda-setting-effects. Journal of Communication, 63, 852–872.

Price, V., & Tewksbury, D. (1997). News values and public opinion. A theoretical account of media priming and framing. In G. A. Barnett & F. J. Boster (Hrsg.), Progress in communication sciences. Advances in persuasion 13 (172–212). Greenwich: Ablex.

Price, V., Tewksbury, D., & Powers, E. (1997). Switching trains of thought. The impact of news frames on reader's cognitive responses. Communication Research, 24, 481–506.

Pritchard, D., & Berkowitz, D. (1993). The limits of agenda-setting. The press and political responses to crime in the United States, 1950–1980. International Journal of Public Opinion Research, 5, 86–91.

Reese, S. D. (2007). The framing project: A bridging model for media research revisited. Journal of Communication, 57, 148–154.

Reinemann, C. (2003). Medienmacher als Mediennutzer. Kommunikations- und Einflussstrukturen im politischen Journalismus der Gegenwart. Köln: Böhlau.

Reinemann, C., Maurer, M., Zerback, T., & Jandura, O. (2013). Die Spätentscheider. Medieneinflüsse auf kurzfristige Wahlentscheidungen. Wiesbaden: Springer VS.

Roberts, M. M., Wanta, W., & Dzwo, T.-H. (2002). Agenda setting and issue salience online. Communication Research, 29, 452–465.

Rössler, P. (1997). Agenda-Setting. Theoretischer Gehalt und empirische Evidenzen einer Medienwirkungshypothese. Opladen: Westdeutscher Verlag.

Rössler, P. (2006). Zur Logik der Agenda-Setting-Forschung. In W. Wirth, A. Fahr & E. Lauf (Hrsg.), Forschungslogik und -design in der Kommunikationswissenschaft. Band 2 (139–167). Köln: Halem.

Rogers, E. M., & Dearing, J. W. (1988). Agenda-Setting research: Where has it been, where is it going? In J. A. Anderson (Hrsg.): Communication Yearbook (555–594). Beverly Hills: Sage.

Rogers, E. M., Dearing, J. W., & Bregman, D. (1993). The anatomy of agenda-setting research. Journal of Communication, 43(2), 68–84.

Sayre, B, Bode, L., Shah, D., Wilcox, D., & Shah, C. (2010). Agenda setting in a digital age. Tracking attention to California Proposition 8 in social media, online news, and conventional news. Policy & Internet, 2, 7–32.

Scharkow, M. & Vogelgesang, J. (2011). Measuring the public agenda using search engine queries. International Journal of Public Opinion Research, 23, 104–113.

Schenk, M., & Rössler, P. (1994). Das unterschätzte Publikum. Wie Themenbewußtsein und politische Meinungsbildung im Alltag von Massenmedien und interpersonaler Kommunikation beeinflußt werden. In F. Neidhardt (Hrsg.), Öffentlichkeit, öffentliche Meinung, soziale Bewegungen (261–295). Opladen: Westdeutscher Verlag.

Scheufele, B. (2016). Priming. Baden-Baden: Nomos.

Scheufele, D. A. (2000). Agenda-Setting, priming, and framing revisited: Another look at cognitive effects of political communication. Mass Communication and Society, 3, 297–316.

Schönbach, K., de Waal, E., & Lauf, E. (2005). Online and print newspapers. Their impact on the extent of the perceived public agenda. European Journal of Communication, 20, 245–258.

Searles, K, & Smith, G. (2016). Who's the boss? Setting the agenda in a fragmented media environment. International Journal of Communication, 10, 2074–2095.

Semetko, H. A., & Valkenburg, P. (2000). Framing European politics. A content analysis of press and television news. Journal of Communication, 50(2), 93–109.

Shaw, D. L., & McCombs, M. E. (1977). The emerge of American political issues. The agenda-setting function of the press. St. Paul: West.

Shehata, A. & Strömbäck, J. (2013). Not (yet) a new era of minimal effects: A study of agenda setting at the aggregate and individual level. The International Journal of Press/Politics, 18, 234–255.

Shen, F. (2004). Effects of news frames and schemas on individual's issue interpretations and attitudes. Journalism & Mass Communication Quarterly, 81, 400–416.

Stone, G., & McCombs. M. E. (1981). Tracing the time lag in agenda-setting. Journalism Quarterly, 58, 51–55.

Sunstein, C. R. (2007). Republic.com 2.0. Princeton: Princeton University Press.

Sweetser, K. D., Golan, G. J., & Wanta, W. (2008). Intermedia agenda-setting in television, advertising, and blogs during the 2004 election. Mass Communication and Society, 11, 197–216.

Tan, Y., & Weaver, D. H. (2007). Agenda-Setting effects among the media, the public, and congress, 1946–2004. Journalism and Mass Communication Quarterly, 84, 729–744.

Tichenor, P. J., Donohue, G. A., & Olien, C. N. (1970). Mass media flow and differential growth in knowledge. Public Opinion Quarterly, 34, 159–170.

Tiele, A., & Scherer, H. (2004). Die Agenda – ein Konstrukt des Rezipienten? Die Bedeutung kognitiver Informationsverarbeitung im Agenda-Setting-Prozess. Publizistik, 49, 439–453.

Trenaman, J., & McQuail, D. (1961). Television and the political image. London: Methuen.

Trumbo, C. (1995). Longitudinal modelling of public issues. An application of the agenda-setting process to the issue of global warming. Journalism & Mass Communication Monographs, 152, 1–57.

Vargo, C. J. & Guo, L. (2016). Networks, big data, and intermedia agenda setting: An analysis of traditional, partisan, and emerging online U. S. news. Journalism & Mass Communication Quarterly, online first.

Vu, H. T., Guo, L., & McCombs, Maxwell (2014). Exploring "the world outside and the pictures in our heads": A network agenda-setting study. Journalism & Mass Communication Quarterly, 91, 669–686.

Walgrave, S., & van Aelst, P. (2006). The contingency of the mass media's political agenda setting power. Toward a preliminary theory. Journal of Communication, 56, 88–109.

Wanta, W. (1988). The effects of dominant photographs: An agenda-setting experiment. Journalism Quarterly, 65, 107–111.

Wanta, W. (1992). The influence of the president on the news media and public agendas. Mass Communication Review, 19, 14–21.

Wanta, W., & Ghanem, S. (2007). Effects of agenda-setting. In R. W. Preiss, B. M. Gayle, N. Burrell, M. Allen & J. Bryant (Hrsg.), Mass media effects research. Advances through meta-analysis (37–52). New York: Routledge.

Wanta, W., Golan, G., & Lee, C. (2004). Agenda-Setting and international news. Media influence on the public perceptions of foreign news. Journalism & Mass Communication Quarterly, 81, 364–377.

Wanta, W., & Hu, Y.-W. (1994). The effects of credibility, reliance, and exposure on media agenda-setting. A path analysis model. Journalism Quarterly, 71, 90–98.

Wanta, W., & Kalyango, Y. (2007). Terrorism and Africa: A study of agenda building in the United States. International Journal of Public Opinion Research, 19, 434–450.

Wanta, W., Stephenson, M. A., Turk, J. V., & McCombs M. E. (1989). How president's state of the union talk influenced news media agendas. Journalism Quarterly, 66, 537–541.

Wanta, W., & Wu, Y.-C. (1992). Interpersonal communication and the agenda-setting process. Journalism Quarterly, 69, 847–855.

Weaver, D. H. (2007). Thoughts on agenda-setting, framing, and priming. Journal of Communication, 57, 142–147.

Weimann, G., & Brosius, H.-B. (1995). Is there a two-step flow of agenda-setting? International Journal of Public Opinion Research, 6, 323–341.

Weimann, G. & Brosius, H.-B. (2017). Redirecting the agenda. Agenda-setting in the online era. The Agenda Setting Journal, 1, 63–101.

Weingart, P., Engels, S., & Pansegrau, P. (2000). Risks of Communication: Discourses on climate change in science, politics, and the mass media. Public Understanding of Science, 9, 261–283.

Winter, J. P., & Eyal, C. H. (1983). Agenda-setting for the civil rights issue. Public Opinion Quarterly, 45, 376–383.

Yagade, A., & Dozier, D. M. (1990). The media agenda-setting effect of concrete versus abstract issues. Journalism Quarterly, 67, 3–10.

Zhu, J. H. (1992). Issue competition and attention distraction. A zero-sum theory of agenda-setting. Journalism Quarterly, 69, 825–836.

Zucker, H. G. (1978). The variable nature of media influence. In B. D. Ruben (Hrsg.), Communication Yearbook 2 (225–245). New Brunswick: Transaction.

Bisher in der Reihe erschienene Bände

Band 1: Agenda-Setting
Von Marcus Maurer, 2010, 101 S., brosch., 17,90 €,
ISBN 978-3-8329-4585-5

Band 2: Nachrichtenwerttheorie
Von Michaela Maier, Karin Stengel, Joachim Marschall, 2010, 163 S., brosch., 19,90 €,
ISBN 978-3-8329-4266-3

Band 3: Parasoziale Interaktion und Beziehungen
Von Tilo Hartmann, 2010, 131 S., brosch., 19,90 €,
ISBN 978-3-8329-4338-7

Band 4: Theory of Reasoned Action - Theory of Planned Behavior
Von Constanze Rossmann, 2011, 135 S., brosch., 19,90 €,
ISBN 978-3-8329-4249-6

Band 5: Das Elaboration-Likelihood-Modell
Von Christoph Klimmt, 2011, 117 S., brosch., 19,90 €,
ISBN 978-3-8329-6176-3

Band 6: Diffusionstheorien
Von Veronika Karnowski, 2011, 107 S., brosch., 17,90 €,
ISBN 978-3-8329-4269-4

Band 7: Schweigespirale
Von Thomas Roessing, 2011, 113 S., brosch., 19,90 €,
ISBN 978-3-8329-6041-4

Band 8: Third-Person-Effect
Von Marco Dohle 2013, 113 S., brosch., 19,90 €,
ISBN 978-3-8329-6801-4

Band 9: Domestizierung
Von Maren Hartmann 2013, 173 S., brosch., 19,90 €,
ISBN 978-3-8329-4279-3

Band 10: Framing
Von Jörg Matthes, 2014, 105 S., brosch., 19,90 €,
ISBN 978-3-8329-5966-1

Band 11: Determination, Intereffikation, Medialisierung
Theorien zur Beziehung zwischen PR und Journalismus
Von Wolfgang Schweiger, 2013, 145 S., brosch., 19,90 €,
ISBN 978-3-8329-6935-6

Band 12: Wissenskluft und Digital Divide
Von Nicole Zillien und Maren Haufs-Brusberg, 2014, 121 S., brosch., 19,90 €, ISBN 978-3-8329-7857-0

Band 13: Fallbeispieleffekte
Von Benjamin Krämer, 2015, 134 S., brosch., 19,90 €,
ISBN 978-3-8487-0599-3

Band 14: Priming
Von Bertram Scheufele, 2016, 104 S., brosch., 19,90 €,
ISBN 978-3-8487-2217-4

Band 15: Involvement und Presence
Von Matthias Hofer, 2016, 123 S., brosch., 19,90 €,
ISBN 978-3-8487-1508-4

Band 16: Gatekeeping
Von Ines Engelmann, 2016, 126 S., brosch., 19,90 €,
ISBN 978-3-8487-1349-3

Band 18: Medialisierung und Mediatisierung
Von Thomas Birkner, 2017, 121 S., brosch., 19,90 €
ISBN 978-3-8487-2912-8

Band 19: Meinungsführer und der Flow of Communication
Von Stephanie Geise, 2017, 180 S., brosch., 24,90 €
ISBN 978-3-8487-3229-6